竹之内響介｜賀川浩【監修】
Takenouchi Kosuke | Kagawa Hiroshi

ベルリンの奇跡

日本サッカー煌きの一瞬

東京新聞

ベルリンの奇跡

日本サッカー煌きの一瞬

竹之内響介

金容植、竹腰重丸コーチ。前列左から右近徳太郎、笹野積次、立原元夫、鈴木保男、
堀江忠男、竹内悌三、工藤孝一コーチ、西邑昌一、不破整（写真提供：石井幹子氏）

キューラーヴェーグ練習場に集合した日本代表チーム
後列左から二人目、田辺五兵衛、一人おいて小野卓爾マネージャー、種田孝一、高橋豊二、川本泰三、鈴木重義監督、二人おいて佐野理平、松永行、加茂正五、加茂健、

はじめに

戦争によって幻に終わったオリンピック、それが昭和十五年（一九四〇）に開催される予定だった東京大会だ。翌年には太平洋戦争が始まり、開催国を返上しただけではなく、多くのスポーツ選手もその戦争の犠牲となった。

沢村栄治をはじめとした野球選手、そしてオリンピック選手では馬術の西竹一が硫黄島で戦死、四年前のベルリン大会の水泳選手の新井茂雄、陸上の大江孝雄らメダリストも戦いの中で帰らぬ人となる。

サッカーも同じだ。ベルリン大会でオリンピックに初参加をした日本代表は、優勝候補のスウェーデンを破り、ヨーロッパを驚かせた。学生主体の代表チームがシベリア横断鉄道でベルリンに行き、戦術やルールの違いに戸惑いながらも手にした勝利は、日本サッカーの歴史の中で特別な意味を持っている。この一戦は「ベルリンの奇跡」と呼ばれる伝説の戦いとなるが、選手のうち四人が戦争で帰らぬ人となってしまう。

この勝利が奇跡でも何でもなく、周到な戦術のもとに勝つべくして勝った事実はあまり知られていない。もし四年後に東京オリンピックが開催されていたとしたら、日本サッカーは間違いなく大会の話題をさらっていたはずなのだ。かけがえのない人材を失った日本サッカーは栄光へと続く歴史を断ち切られ、戦後も長く低迷を続けることになる。

このベルリンオリンピックのサッカー日本代表チームに、竹内悌三という選手がいた。悌三は終戦後シベリアへ抑留されて戦病死する。彼が遺した幼い娘は、のちに世界的な照明デザイナーとなり、日本では東京タワーをはじめ、レインボーブリッジや浅草寺などランドマークのライトアップを手掛けた。彼女──石井幹子《もとこ》氏は二〇一一年の秋にベルリンのブランデンブルグ門をライトアップした。それは日独交流一五〇周年を記念したイベントだったが、彼女はそのライトアップに、戦争の犠牲になった世界中の人々に向けて特別なメッセージを込めた。

この本は戦前の日本サッカーの歴史と「ベルリンの奇跡」の真実、その後の選手達の死、一人の女性が父の跡を追ってどう生き、どう世界に向け平和のメッセージを送るに至ったのかをドキュメントとして構成したものだ。

全てのエピソードは、当時のコーチが遺した記録、選手のレポート、自伝、日記、あるいは選手のご遺族へのインタビュー、現役最高齢のサッカージャーナリストで平成二十七年（二〇一五）に日本人で初めてＦＩＦＡ（国際サッカー連盟）会長賞を受賞された賀川浩氏へのインタビューと著述からも多く引用させていただいた。生前の選手たちと交流があり、日本サッカーの全てを知るその賀川浩氏に監修をお願いできたことは何より意義のあることになったと思う。

また、選手の一人である加茂健氏とは亡くなる三カ月前にお会いして直接お話を伺う機会を得た。ご高齢にも拘らず、パソコンに習熟しておられた加茂氏からは、メールでも何度か貴重な情報を送っていただいた。その加茂氏をはじめとして、取材開始当時はご存命で貴重なお話を聞かせてくださった多くの方々が世を去り、この本をお渡しすることができないことは残念でならない。

最後に、膨大な資料を集めるのに奔走していただいたサッカー研究家のフジタナオキ氏、ご多忙な中何度も取材にご協力いただいた石井幹子氏、感想を寄せていただいた川淵三郎氏には感謝の言葉も見つからない。

サッカーの専門家でもない私は、大先達が遺された言葉や事実を時系列に沿って整理させていただいたに過ぎない。ただ、こうして出来上がった本を通して、多くの方が日本サッカーの歴史を知り、戦争

2004年1月24日。取材中の筆者（左）と加茂 健氏（同年3月26日死去）。右はフジタナオキ氏

がいかに多くのものを奪い去り、また奪い去ろうとしているのかを考える一つのきっかけとなれば幸いである。

二〇一五年十一月

竹之内響介

（本文中敬称は略させていただきました）

目次

プロローグ　ある少女

昭和二十六年（一九五一）、四月十六日早朝。東京・港区の札の辻交差点では、東京消防庁音楽隊がタクトの振り下ろされる瞬間を待っていた。沿道を埋め尽くした群衆の数は桜田通りから京浜国道に至る道におよそ二〇万人、警備の警官は二〇〇〇人に及んだ。まだ東京タワーはなく空ばかりが広い、そんな時代のことだ。

やがて歓声が上がり、三田方面にＭＰ（占領軍の軍事警察）の白バイ隊が見えてくる。前後に一六台、警護の白バイに守られて姿を見せたのは緑色のクライスラーで、車中には帰国の途につく連合国最高司令長官ダグラス・マッカーサー元帥とその家族が乗っていた。一行は六時二十五分に赤坂のアメリカ大使館を出発し、羽田——当時はまだ連合国管理下にあるハネダ・アーミー・エアベースへと向かう。日章旗と星条旗の小旗がさざ波のように揺れ、〝星条旗よ永遠なれ〟が朝の空気の中に響く中、緑の車体は小旗と歓声の向こうをゆっくりと走り抜けてゆく。春とはいえまだ肌寒い早朝、突然の別れを惜しんで集まったのは戦後の焼け跡から立ち直ったばかりの人々だ。遠ざかるクライスラーこそは、一つの時代が過ぎ去ってゆく姿でもあった。

この年の秋には、吉田茂首相がアメリカ・サンフランシスコ市内のオペラハウスで対日講和条約に調印する。いわゆるサンフランシスコ講和条約は、日本と連合国四八カ国との間に結ばれた第二次大戦終結の平和条約で、主権が日本に戻され占領が終わることも意味していた。昭和二十六年という年は、終戦から六年を経て連合国との戦争状態がようやく終わりを告げ、日本が平和への新たな一歩を踏み出す年となったのだ。

焼け跡からの復興も急速に進み、この年の正月にはラジオでNHKの紅白歌合戦が始まり、第三回までは年末ではなく正月の人気ラジオ番組となる。民間でもラジオ局が開局し、テレビの試験放送も始まった。黒澤明の『羅生門』がベネツィア国際映画祭でグランプリをとったのも昭和二十六年のことだ。ボストンマラソンで日本人が優勝するなど、明るいニュースはスポーツの世界にも訪れる。そんな一年が終わろうとしている十二月二日、東京・代々木の明治神宮外苑競技場では戦後初となるサッカーの国際試合が行われようとしていた。

全日本、つまりサッカー日本代表と戦うのはスウェーデンの港町からやってきたクラブチームで、その名をヘルシングボリという。九州、大阪など国内各地の選抜チームとの四試合で完勝、この日が最終戦だった。

のちに改修されて国立競技場となるこの競技場は敗戦によって連合軍に接収され、当時はまだ〝ナイル・キニックスタジアム〟と呼ばれていた。ナイル・キニックとは米海軍のパイロットで、第二次世界大戦中に訓練中事故死したアメリカンフットボールの名選手の名だ。そしてわずか八年前には東条英機首相出席のもと、戦地へ送り込まれる学生たちの学徒出陣壮行会が開かれたその同じ場所でもある。

壮行会の日は冷たい雨で、観客席を埋めつくした人々がずぶ濡れで行進してくる学生たちを迎えた。学生服を着て銃を担がされた若者達の中には銃を模した木の棒を持たされた者も多かったという。式を終え、隊列が宮城《きゅうじょう》（皇居）へ向かう時、早大隊の中から期せずして『都の西北』の歌声がわきおこり、この時感極まったスタンドの女学生たちがなだれをうって隊列に駆け寄ろうとしたという悲しい話が残っている。多くの若者たちは充分な訓練も受けぬまま激戦地に送りこまれ、再び戻ることはなかった。

この観客席が満員の人で埋まったのはその日以来であったかもしれない。皇太子殿下、高松宮、三笠宮両殿下をはじめ、当時の新聞におよそ二万五〇〇〇と記録された観客達が試合が始まるのを待っていた。競技場のスタンドは一万人ほどしか収容できない。その数は新聞が多く書いたにしても、実際スタンド以外にもつめかけ、観戦した観客も含めての数字であったはずだ。まだサッカー熱は今ほど盛んではない頃だったが、ヨーロッパからチームが来るなどということは戦前に一度あったりきりである。当時中学生だったサッカー少年たちも少ない小遣いの中から入場券を買い、誘いあって観戦に来た。

当時のスポーツ紙には「微風雲一つない絶好のグラウンドコンディション」とあるから、あの忌まわしい日と同じ場所とは思えないほど、十二月の日曜の午後は穏やかな天気だった。大時計の針が進み、試合開始の十四時三十分が近づいてくる——。試合の始まる直前、両チームの選手を前に小さなセレモニーがあった。

「さあ、今です。歩いて」

一人の少女が係にそっと肩を叩かれ、グラウンドに向かって歩き始めた。

薄暗い競技場の通路を出ると、暖かな太陽の光と大きな歓声に体が包まれる。少女はまだ小学五年生で、こんなに大勢の人の中にたった一人で立つのはもちろん初めてだった。

少女の視線の先には横一列に並んだ二二人の男たちがいる——。青いユニフォームを着て胸に日の丸をつけた男たちと、はるかに大きな体格をした外国人たちだ。男たちは微笑みを浮かべ、拍手で彼女を迎えた。

この時自分が着ていたのはきっと母の手作りのワンピースだったのでは、と本人は回想する。もう遠い昔のことで記憶はないが、彼女の母はいつでも彼女に可愛い手作りの洋服を着せていたからだ。少女は小さな丸くアレンジされた花束を胸に抱いていた。それを選手に渡すために彼女はここに呼ばれたのだった。

「大きな場所にぽつんと自分がいて、選手はとにかく雲をつくような大男たちでした。その一人が身をかがめるようにして私の花束を受け取ったんです。私は大きな影の中にすっぽりと入ってしまって、なんだかとっても怖かったのを覚えていますね」

私がご本人に話を聞いたのは、その日から六三年が過ぎた平成二十六年の春だ。

「これも母の手作りだったと思うのですが、ペナントのようなものをですね、選手に渡した記憶があります」

目の前に並んだ外国人たちは、少女から見たら〝雲をつくような大男〟、北欧の巨人たちであった。ヘルシングボリは国内リーグで好成績を残し、海外遠征に来た。スウェーデンのチームを招き、それを彼等が快諾したのには理由がある。

スウェーデンにとって日本は、決して忘れることのできない特別な国だったのだ。

一五年前、戦前に開催された一九三六年のベルリンオリンピックで優勝候補だったスウェーデン代表は、極東から初めてヨーロッパにやってきた小さな島国に負け、大会を去った。

この時の代表選手は早稲田大学を卒業したばかりの若者たちを中心に構成されており、シベリア横断鉄道で陸路ベルリンに行った彼らは、初めてヨーロッパの強国代表と戦い、初参加のオリンピックで大番狂わせを演じた若者たちであった。

少女が花束を渡した時、目の前の日本代表チームの選手の中にはそのベルリンオリンピックでスウェーデン代表チームから一点を奪った選手の一人もいた。

名前を川本泰三といい、のちのメルボルンオリンピックのコーチでもあり、釜本邦茂の育ての親にもなった名ストライカーだ。川本は終戦後シベリアに長く抑留され、この時帰国してまだ二年しかたっていない。

ヘルシングボリの団長は、川本がスウェーデンから点を取り、大逆転の口火を切った男であることを知っていて、会うなり敬意を込めて「You are bad boy」と言ったという。

もう一人、ベルリンの代表チームのコーチであった竹腰重丸も監督としてこの試合にのぞみ、観客席には引退した選手やベルリン当時の関係者もいた。

花束を渡した少女——彼女の父親もまた、オリンピックのサッカー代表選手だった。

名を竹内悌三といい、代表チームの主将を務めた名選手だ。少女が生まれたのはオリンピックの二年後だから、ベルリンで相手の怒涛の攻撃を防ぎ続けたディフェンダーも、彼女にとっては一人の優しい父親でしかない。

麻のスーツを着てパナマ帽をかぶった父は、会社から帰ると着替えもせず、庭で砂遊びをしている私を抱き上げてくれた――と彼女は言う。それは彼女にとって淡い光に包まれた遠い夏の日の記憶だ。

ベルリンオリンピックの四年後、次のオリンピックの開催国は日本で、初の東京オリンピックだった。ヨーロッパで話題をさらった日本サッカーは間違いなく大会の目玉となったはずだがそれは幻に終わる。世界はスポーツの祭典ではなく、血と鉄の戦いへと進む。その舞台は競技場ではなく、ヨーロッパから雪のロシア、アフリカから太平洋の島々に及び、犠牲者の数は全世界で八五〇〇万人とする統計もあるほどだ。

ベルリンに行った選手たちも例外ではなく、サッカーシューズを軍靴に、ユニフォームを軍服に変えて戦場に赴き、四人が戦争で命を失った。

続くはずだった日本サッカーの栄光の歴史は戦争によって断ち切られたのだった。

少女の父もまた、戦争によって無造作に葬り去られた一人だ。帰ってくると信じていた父がシベリアで死んでいたことを知らされたのは、このヘルシングボリ戦のつい一年前のこと。少女がここにいるのは、代表チームの亡き主将の愛した娘だったからだ。戦争さえなければ、彼女がここに立つことなどはなかった。

その手に握られた小さな花は、再び訪れた平和の中でスポーツができるという感謝と喜びの象徴でもあり、娘の手を通して亡き竹内悌三が花束を差し出したともいえる。この時少女は、目の前に立つ青いユニフォームの選手に父の姿を探していたのかもしれない。観客席に座った彼女の母は、二人の幼い息子たちを連れ、亡き夫の愛した娘の姿を見つめていた。

少女は小さく頭を下げると、拍手に送られてグラウンドを後にした。競技場の通路に姿を消したその後ろ姿を覚えている人はいない——。

それから半世紀が過ぎた平成十四年（二〇〇二）の六月、サッカーワールドカップが日韓で共同開催された。この年の春、国立競技場の近く、新宿御苑と道を隔てた閑静な場所にある照明デザイナーの事務所に東京タワーを青い色にライトアップできないかという問い合わせがきた。連絡してきたのは広告代理店の博報堂で、東京のランドマークを「サムライブルー」に青く染めて応援したいというのがその趣旨だった。

照明デザイナーの名を石井幹子《もとこ》という。彼女はレインボーブリッジやベイブリッジをはじめ、数多くのランドマークをライトアップしてきた景観照明の第一人者であり、大プロジェクトを成功させてきた世界的な照明デザイナーとして知られている。石井は一九八九年に東京タワーをライトアップした。だから広告代理店が連絡してきたのは、東京タワーをライトアップした人、というのが大きな理由だった。

彼女はこの申し出を快く引き受け、東京タワーを「サムライブルー」に染め上げた。それは日韓ワールドカップ開幕直前のキリンチャレンジカップの夜、五月二十五日から二日間で、部屋の窓から、首都高速を走る車から、そして道を歩く人々が、皆、青くライトアップされた東京タワーを見て歓声をあげた。

この日の試合は日本代表のワールドカップ本番直前の壮行試合を兼ねており、ベルギーやロシアと同組になった日本の仮想敵国として、国立競技場にはスウェーデン代表が招かれていた。日韓ワールドカップ直前の試合の相手がスウェーデンであったことはサッカーファンでもそれほど記憶には残っていないはずだ。まして石井はその日ライトアップに専念していて試合のことは覚えてはいない。

石井幹子の旧姓は竹内で、竹内幹子が生まれた時の彼女の名だ。

父親は彼女が小学生の時にシベリアのアムール州第二〇収容所で病死した。父はベルリンオリンピックのサッカー日本代表チーム主将、竹内悌三——。彼女こそは五一年前、スウェーデンからやって来たチームに花束を渡したあの〝少女〟だった。

石井が見せてくれたライトアップのプレス向けの資料の中にスウェーデンの名前を見つけたのは取材の途中のことだった。私がそれを指摘すると、

「——本当ですね」

身を乗り出して文字を指で追ったあと、彼女は驚いたようにそうつぶやいた。

初のワールドカップ自国開催は、日本サッカーの歴史の上に立つ、いわば〝ランドマーク〟ともいえる出来事だ。彼女はそれを光で照らした。本人ですら気づかない偶然ではあったが、あの日渡された小さな花束は時を超え、青い光の花束となって再び日本とスウェーデンの選手たちに捧げられたともいえる。

父親がスウェーデンと戦い、娘の自分が日本代表チームのスウェーデン戦に二度もかかわる――。そして少女の頃から彼女の中にはその国の名前が刻まれ、若き日に北欧を目指してその地で修行を積んだ。

一度なら偶然かもしれないが、それが重なればもう偶然とは呼ばない。

「長く生きてきて、どうも父がそばにいて見守ってくれている、そう考えずにはいられないことが何度もあったんです」

石井は、声をつまらせた。

「だから――父のことを思い出さないことなんて、ありませんでした」

いつか日本が世界と対等に戦う日が来る。それは若き日の父が確信していた夢だった。だが、オリンピックのあとも日本のサッカーのために奔走した父の夢は戦争によって絶たれてしまう。その娘である石井と日本サッカーは何か不思議な運命の糸で結ばれている。その糸は亡き父が娘に託しているとしか思えない一筋の光の糸なのだ。

第一章◉若きサムライたち

竹内悌三主将

初の五輪代表

昭和十一年（一九三六）、四月二十三日、明治神宮外苑の日本青年館にベルリンオリンピックの蹴球代表に選出された若者たちが集合した。メンバーは八月のオリンピックに向けて三期に分けた合宿を経て、本大会まで四カ月余りを過ごすことになる。

代表選手は一六人中八人が早稲田大学のア式蹴球部（ア式はアソシエーションフットボールの略）の部員で、他に三人がこの春早大を卒業したばかりの卒業生だった。

早大は大学選手権を連覇しており、単独チームとしての完成されたチームワークと力を考慮しての代表選考だった。とはいえ、この選考をめぐって相当な混乱もあったのだが——。

混乱は選手選考だけではない。わずか二カ月前の二月二十六日の大雪の日には、陸軍皇道派の青年将校が一四〇〇人余りの兵を率い、政府の中枢を襲うというクーデター未遂事件があったばかりだ。平穏無事な時代とは違う、混乱の最中でのオリンピック参加だった。選手の一人、堀江忠男はこの日早大の卒業試験で、市ケ谷駅前で雪で固めた機関銃陣地に遭遇し、着剣の歩兵銃を持った歩哨に行き先を質《ただ》されるという経験をしている。

二・二六事件と呼ばれるこの事件は、大恐慌から長引く不況の中、決起した青年将校たちが、政治の腐敗を打破して「昭和維新」を進めようとしたものだ。だが、軍と政府は彼らを「反乱軍」として武力鎮圧を決め、包囲して兵たちに投降を呼びかけた。結局、反乱将校の一部は自決、首謀者は銃殺されて騒ぎは収束する。

サッカーのオリンピック参加は一年前の五月に大日本蹴球協会（現・日本サッカー協会）が決定していたが、軍国主義の台頭と、こうした暗い世情の中にあって一時は初のオリンピック参加自体が危ぶまれたのだった。代表選手の合宿のスタートにこぎつけ、この一年手を尽くしてきた大日本蹴球協会をはじめとしたサッカー関係者はほっと胸を撫で下ろした。

招集された代表選手は、早大の他は、慶応義塾大学から一人、東京帝国大学（現・東大）の学生と卒業生の二人、東京文理科大学から一人、京城普成専門学校から一人という人選だった。

大日本蹴球協会が発表した代表選手は以下の通りだ。

フォワード（※注・ポジションは代表発表時のもの）

川本泰三（早大）大阪府立市岡中　二十二歳

加茂正五（早大）静岡県浜松一中　二十一歳

加茂健（早大）同　二十二歳

松永行（文理大）静岡県立志太中　二十三歳

西邑昌一（早大）関西学院高商部　二十五歳
右近徳太郎（慶大）神戸一中　二十四歳
高橋豊二（早大）私立成城高等学校　二十二歳

ハーフバック

立原元夫（早大卒）東京高等師範付属中　二十四歳
笹野積次（早大）静岡県志太中　二十三歳
金容植（京城普成専門学校）二十七歳
種田孝一（帝大）東京府立五中　二十三歳

フルバック

竹内悌三（帝大卒）東京府立五中・浦高　二十八歳
鈴木保男（早大卒）東京府立八中　二十四歳
堀江忠男（早大卒）浜松一中　二十四歳

ゴールキーパー

佐野理平（早大）静岡中　二十五歳

後列左より　鈴木重義監督　小野卓爾マネージャー　右近徳太郎　不破整　種田孝一　笹野積次　松永 行　佐野理平　加茂正五　高橋豊二　金 容植
前列左より　工藤孝一コーチ　加茂健　川本泰三　鈴木保男　堀江忠男　竹腰重丸コーチ　竹内悌三　立原元夫（写真提供：竹内宣之氏）

不破整（早大）東京府立五中　二十二歳

監督は早大出身の鈴木重義、コーチは帝大の竹腰重丸と早大の工藤孝一。チームマネージャーを務める小野卓爾《たくじ》は集まった選手たちを前に合宿に入る前の心得として、まず全員にこう伝えた。

「今日から五月十日までの一八日間、第一次合宿に入る。皆、日本代表たるの自負を持って行動すること。それから統制を乱し、代表たるの資格に欠ける者は、即刻合宿より放逐する」

統制を乱す者は即刻合宿より放逐、とは二年前にマニラで行われた第一〇回極東選手権大会での失敗を踏まえた上での言葉だったのかもしれない。

極東選手権大会とは、日本、中国、フィリピン、インドネシア（※当時は蘭印）などアジアの国々が参加して行われた国際総合競技大会だ。サッカーも主要競技の一つで、今回早稲田大学の単独チーム主体になった理由の一つが、二年前の大会でのチーム作りにある。

その時の代表チームは西の関学、東の早大を中心とした東西混合チームだったのだが、東西の戦術的な違いに加え、関西出身の選手の中には門限も守らない者もいて、チームとしての統一感を欠いて全くまとまりがなく、一勝二敗と惨敗を喫した。

今回の代表チームのコーチである竹腰はその当時の監督で、選手たちには相当手を焼き、選手を諌めるにあたって涙を流したという逸話さえ残っている。

こうしたことを背景にベルリンオリンピックの代表は早大主体になった。なにしろ初のオリンピック代表チームだ。ヨーロッパまで行って同じ失敗は許されない。選手の選考委員は関東から三人、関西から二人で行われたが、何度協議を重ねても結論は出ず、結局関東側の三名によって候補選手を三月十日に発表してしまい、関西蹴球協会はそれを不当であるとの声明を新聞各紙に送った。関東側の三名にはマニラ大会の監督、竹腰も選考委員に名を連ねており、強引とも思えるその決定には納得がいく。

小野マネージャーは統制を乱す者は即時放逐と言ったあと、こう続けた。

「食事はカロリーの不足はない。決してまずいと言わないこと」

食事を決してまずいと言うな、とわざわざ口に出したのには、過去にそういう声があったことが想像できる。そもそも日本青年館は、明治神宮の造園作業に協力した全国の青年団に対して皇太子殿下（後の昭和天皇）から下賜があり、その記念に建てられた宿舎だ。そういう宿舎の食堂の料理だから文句を言ってはいけないと釘を刺したのかもしれない。

代表合宿四日目、祐天寺の勧業銀行グラウンドでは、代表チームと早大の蹴球部が練習試合を行った。この日の協会の練習日誌には「勧銀グラウンドの芝地極めて心地よし。選手一同嬉々として練習す」とある。

当時としては珍しくグラウンドはきれいな芝生で覆われていた。神宮外苑競技場でさえ冬場などは黄色く枯れた芝で、学生の練習や試合は土のグラウンドが当たり前であったし、それはJリーグが始まるまでは日本のサッカーの常識であった。

そんな中にあって戦前の勧銀グラウンドは最高のコンディションだった。サッカーは土と芝とではボールの弾み方や飛び方さえもまるで違う。遠征するヨーロッパではグラウンドは芝だ。それを想定して大日本蹴球協会がここで練習をすることに決めたのは間違いない。晴れわたる青空の下、めったに踏めない芝地のグラウンドの上を若者たちはボールを追って思う存分走り回り、汗を流し、ぶつかりあった。

ベルリンオリンピックのサッカーには現在のようにアジア地区での予選はなく、いきなり一六カ国が参加のノックアウト制だった。つまり一発勝負であり、負けたらそれで終わる。これから大陸を越えてヨーロッパへ向かう初のサッカー日本代表に選ばれた一六人は、どういう若者たちだったのか。

「スポーツ選手は協調性があり、和を大切にするなんて言うが——」

選手の一人である川本泰三はのちにこう語っている。

「そんな者はいない。我と個性のかたまりだ。単に足りないものをカバーしあうものではない。長所を生かし合うというか、積極的なものでなければならない。それぞれの役割が違う」とも。

個性が強いだけではない。当時のサッカーをする若者たちは、現代とは決定的に違うものを持っていた。それがベルリンでの奇跡を生む原動力となる。

川本は無口でニヒルな鋭い目をした若者だった。大阪出身の二十二歳は、身長一六八センチ、体重六〇キロ。巧みなドリブルと精度の高いシュートで相手ディフェンダーを混乱に陥れる。足首は柔らかく、そして強かった。

シュートの名人とも言われた川本は、朝から弁当一つ持って東伏見の早大グラウンドへ行き、授業そっちのけでひたすらドリブルとシュートの練習をしたという逸話の持ち主だ。ただひたすらイマジネーションを膨らませ、反復することで徹底的に身体に技を叩きこむ。試合でゴールを決めてもにこりともしない。

川本をマークしているディフェンダーは一瞬にして視野から消えてフリーになるこの男に手を焼いた。気づいた時にはすでにシュート態勢に入っている。そしてタイミングをずらす。シュートは正確にゴールの四隅に飛んだ。

現代サッカーでも使う〝消える〟という言葉はこの川本が作った。のちに川本に育てられた名ストライカーの釜本邦茂氏は「消えろとだけ言われて意味がわからなかった」と振り返る。それほど言葉が少なく、しゃべればその意味を理解するのは難しかった。

その川本をして「早稲田のフォワードは堀江のタックルのおかげで上手くなった」と言わしめた男、堀江忠男は静岡県出身の二十四歳。丸眼鏡の紐を頭の後ろで縛った守備の要で、あだ名はタコと呼ばれた。倒れてもタコのように起き上がるという説とタコのように足を出してボールをからめとるという説もある。ゴールに迫るフォワードの選手は、眼鏡の奥の目を見開き、突進してくる堀江に恐れをなした。

間に合わない時の堀江の頭からのタックルは有名で、実際それで足に怪我をした選手も多く、空中で競り合っては相手の頬を陥没させ「壊し屋」という異名を持っていた。大学の練習中もあまりの危険なプレーにチームメートの川本と喧嘩になることもあったほどだ。

そうした堀江のタックルをかわすために川本らフォワードはパスにしてもボールをわずかに浮かして足の上を通過させるという技術を工夫した。

タックルの間合いに入って取ったと思ったのに、自分の足の上をボールが通っていった、そう相手が首をかしげる川本のプレーは堀江のおかげでもあった。堀江はスウェーデン戦では肘を骨折していることに気付かずに最後まで身体を張ってゴールを守ったという逸話を持つファイターだ。一六八センチ、六六キロ。チーム中、最も頑強な体を持っていた。

芝を舞い上がらせて鋭く左からドリブルで切り込んで来るのは加茂健だ。

堀江の中学時代の後輩で、同じく静岡出身の二十二歳。一つ下の弟の正五も共に代表入りを果たした。兄の健はチュウガモ、弟の正五はコガモと呼ばれた。弟は身長が約一七四センチ、兄はそれより六センチ低かった。

加茂兄の卓越したスピードとボール扱いは、同時に冷静かつ合理的なもので、「こんなにトップスピードでボールを巧みに扱える選手はベルリン中探してもいない」とドイツの現地紙を唸らせることになる。

キレのあるドリブルとフェイントにディフェンダーは振り回され、守備は寸断される。その視野には常に弟の正五がいた。兄弟は市ケ谷の下宿に帰れば二人で畳の上に寝転び、戦術を練った。息の合った左サイドにおける攻撃のコンビネーションは、オリンピックで「カモ・カモフリューゲルス（翼）」という見出しでドイツで絶賛される。

サッカー選手として一流だった加茂兄は、またピアノの腕前も一流で、大学時代は練習が終われば新宿の角筈にあったピアノ店で何時間も練習をした。サッカーをとるか、ピアノの道をとるか随分悩んだという。

そんな芸術のセンスも持ち合わせていた加茂兄は、非合理的で無茶な練習を強いると、反発するよりショゲてしまうというナイーブな一面も持っていた。中学の先輩である堀江に誘われて早大の蹴球部に入ったものの、工藤コーチの苛烈な練習について行けず、一時は部をやめたこともあった。

その加茂兄は、前年の練習中の負傷が癒えたばかりだった。トップスピードのドリブル時に足首にタックルが仕掛けられ、右足首の靭帯のほとんどを損傷し、伸び切ったアキレス腱は断裂の寸前という大怪我だった。そのため、まだ相手のタックルに対する恐怖心を克服できずにいる。

二・二六事件で暗殺された大蔵大臣、高橋是清の孫もチームにいた。名は高橋豊二。ポジションはフォワードで、あだ名は〝マゴ〟。彼もまた悲運をたどるのだが、この時はもちろん知る由もない。

中盤の底を支えた選手には立原元夫がいる。あだ名はトラ。攻守の要の二十四歳だ。身長は一六〇センチ、体重も五八キロと数字的にはチームの中でやや小柄だが、わずかに背中を丸め、前かがみで相手ボールを取りに突進する姿は頼もしく、ヒョウが獲物を取りに行くようでもあり、血走った目はトラを連想させた。夜のトラはもっと怖かったというから、酒豪であったかもしれない。

〝リー〟こと佐野理平はゴールを守る守護神だ。

派手な横っ跳びのセーブは見た目はファインプレーだが、佐野はそうなる前に常にボールの弾道を読み、先行することで確実に身体の正面でキャッチした。それは現代でもキーパーの基本の一つだが、上手いキーパーほど飛ばない。自分とゴールの関係も、前を向いたまま後ろ手でポストに触って常に位置を確認し、ゴールラインと自分との位置関係を把握していたと仲間の川本は後年語っている。

だが、天才的ともいわれた佐野はある弱点を抱えていた。身長は一七五センチ近くあったが、ゴール前に入れられるハイボールに弱かったのだ。現代では想像もつかないが、この当時の日本ではゴールキーパーはルールで守られてはおらず、コーナーキックの際もハイボールをキャッチしようと飛び出せば、ぶつかられ、蹴られ、フォワードの餌食となり、それは哀れなものだったという。だが、ベルリンの地であることをきっかけに弱点をクリアして神業を連発し、佐野は大会の話題をさらうことになる。

練習試合は代表チームの一方的な展開で進み、後半の残りがあとわずかになると、点差は九点に広がった。早大が相手といっても、代表のほとんどが早大だから現役とOBのまざった紅白戦ともいえる。

当時の早大は厳しい練習で知られ、攻撃を最大の防御とする精神を堅持していた。そして、校風でもあるバンカラさ——良い意味での粗野、何でもやりぬいてやろうという一本の筋金の入った精神が充満していた。ただしスマートさに欠け、猪突猛進して臨機応変さに欠ける、という面もあったらしい。

早大の部員たちは、一人一人にクジラ、豆タンク、マムシなどのユニークなニックネームがつけられた。こうした愛称で相手を呼ぶことで厳しさの中にもチーム全体に明るさがみなぎっていたという。この合宿も、そのまま早大の空気を持ち込んだスタイルであったはずだ。誰がどんなボールを蹴ればどういうミスになるか、そんなことまで知り尽くしたチームワークは、これからヨーロッパへ乗り込むにつけ、最大の財産でもあった。

そして、早稲田大学以外から選出された選手もまた個性豊かな若者たちだ。

東京文理科大学（現・筑波大学）からは松永行《あきら》が選出された。一〇〇メートルを一〇秒台で走るチーム一の俊足は、短距離走でオリンピック選手にもなれると言われた。ひとたびスピードに乗れば追いつける相手はいない。その松永もまた静岡出身で、性格は明るいナイスガイだったが、ベルリンに入ってからはスランプに苦しみ、それでも土壇場でチームの勝利を決定づける驚異のスパートを見せることになる。二十三歳。

代表選手の中には一人の朝鮮人選手がいた。名前を金容植《キム・ヨンシク》といい、ベルリンでは立原と共に中盤の底を支え、攻守にわたって素晴らしい働きを見せた。金の重心が低く粘っこいドリブルとキープ力がなければ日本の攻撃は成り立たなかったとも言われる。サッカージャーナリストの賀川浩氏は、昭和二十六年（一九五一）のヘルシングボリと関西選抜との試合を大阪の競技場で観戦していて、知らない韓国人に「ベルリンの時は金がいたから勝てたけど、この試合は金がいないから日本は勝てないよ」と話しかけられたという。金は、戦後の韓国ではサッカーの神様と言われた人だ。

この第一次代表合宿の前に、東伏見の早大グラウンドで代表候補選手の選考を兼ねた合宿が三月二十六日から行われている。この時は日本人の中にまじって金容植の他にもう一人、金永根《キム・ヨングン》という優秀な選手が招集されていた。二人は朝七時起床の決まりよりも早い六時にはすでにグラウンドを走っていたと当時の新聞にはある。

それほど本人たちは代表入りを熱望していたのだが、平壌蹴球団に所属していた金永根に対しては同蹴球団からは何度も電報が届き、天津への遠征のために合宿を抜け出せとの打診がくる。大日本蹴球協会は何度もそれを注意をした。

オリンピックの前年に開催された明治神宮体育大会で朝鮮のチームが優勝し、当然この初のオリンピックでも多くの選手が朝鮮から選考されると考えていた。大日本蹴球協会も朝鮮のチームの中から七人ほど選抜するという約束をしたが、約束を反故にされたことがこの抵抗を生んだのだった。

結局金永根は代表には選ばれず、金容植一人が選出される。この当時朝鮮は日本の植民地下にあった。複雑な国民感情と時代背景の中での選出だったが、金自身はどういう気持ちで日の丸のユニフォームを着たのであろうか。


「モクさん！」

グラウンドに仲間を呼ぶ声が響く。

勧銀グラウンドの芝の上を駆ける代表選手の中に、一人落ち着いた風貌の男がいた。穏やかなまなざしに意志の強そうな口元——。モクさんこと竹内悌三はチーム最年長の二十八歳。今回の代表チームの中では唯一、六年前の極東選手権大会で一位を経験している経験豊富なバックだった。出身は、ベルリンに行ってから同じくフルバックにコンバートされることになる種田孝一とともに帝国大学（現・東京大学）。代表コーチの竹腰は帝大サッカー部員当時、極東大会で選手として悌三と共に戦った大学の先輩でもある。悌三はこのチームでキャプテンとして個性的な一五人の若者たちを束ねることになる。

悌三はすでに社会人だった。本大会も含めて五カ月近くという長い期間、社会人が参加するのは厳しい。それが可能だったのは、悌三の父が旧・安田財閥の重鎮で、裕福な育ちであったこともあるだろう。とはいえ、代表チームの合宿日誌の五月五日に「午前中竹内の便宜取計ひ方、会社に依頼状を出す」という記述があるからオリンピック出場の三カ月前の時点でまだ未解決の事があったのかもしれない。春に早大を卒業して新聞社に入社が決まっていた堀江選手も、会社に直談判して入社時期を大会終了後にずらしている。

一六八センチ、六二キロの悌三は、足が速く、守備は安定していていた。相手のパスコースとタイミングを冷静に読み、鋭いダッシュでパスをインターセプトして反撃に転じる。あるいは相手との間合いを計り、身体を寄せてガチガチと足を出してボールを奪う。その瞬時の計算に優れた選手だった。性格は、真面目で律儀。理論派で、監督からの指示にも「はいわかりました」と言うよりは「なおよく考えてみます」と言うのが常だった。

その悌三は、前日の雨で体調を崩していた。もともと身体が頑健ではない上にチーム最年長の勤め人なのだ。毎日ボールを蹴っていた学生たちと同じメニューの練習のせいで体調を崩したとも考えられる。悌三を語る時、身体は強くなかった、という表現が多い。石井幹子は父悌三のことを、「母が言うには、父は胃腸もあまり丈夫なほうではなかったようです」と語ってもいる。

連習試合のあと悌三は医者に行った。合宿の記録には「竹内、病院に行った結果軽い風邪故、二日程休養せば全快するならんとの事にて一時帰宅し休養する事にす」とある。

悌三が合宿に復帰したのは三日後の四月二十九日だ。この日は宿舎である日本青年館の食堂で、悌三が戻るのを待って全員でスキ焼きを食べて精をつけた。

肉を買い出しに行ったのは小野マネージャーだ。合宿の初日に自らが「食事を決してまずいとは言わないこと」と言っておきながら、五日後の日誌には「食事がまずいので副食物を買ひもとめる」という記述がある。

小野はこの時三十歳。北海道出身の小野卓爾は〝小野卓さん〟の愛称でチームから愛され、どの写真の中でも黒い丸メガネに笑顔を湛えているキャラクターだ。中央大学で自身もサッカーをしていたが、選手として成功するには至らなかった。そんな小野卓さんの下宿の部屋は海外のサッカーの技術書で溢れており、サッカーに対する情熱は人一倍だった。いつの頃からか蹴球協会の部屋に入り浸るようになり、この合宿の前年には正式に協会の代議員に就任している。

「小野氏、松坂屋に肉の買ひ出しにゆく。夕食はスキ焼きを食う。葡萄酒半杯の乾杯に元気でたちまち一貫五百匁《もんめ》（五・六キロ）の肉を平らげる」と日誌にはあるから、選手の前で自分で厳しい注意をしておきながら、食欲旺盛であった若い彼らのことを誰よりも心配して走り回っていた小野卓さんの姿が見えるようだ。

〝コガモ〟加茂正五は大食漢だった。川本にいたってはあまりに飯を食うので下宿のおばさんに泣かれ、最後は追い出されたというエピソードの持ち主でもある。

二人はこの合宿中にも新橋のスキ焼き屋で食べ比べをして、川本が飯を茶碗に一五杯、最後は茶漬けで流し込んで加茂弟に一杯差で勝っている。翌日の練習試合では二人とも動きが悪く、竹腰、工藤両コーチから大目玉を食らい、普通は減るはずの試合後の体重が前より増えていたという強者だ。二人はまた、オリンピックの帰りのマルセイユから神戸までの四〇日間の船旅の間、嵐で揺れても一度も欠かさず食堂に姿を見せ、全てのメニューを食べ、船の士官を感心させたというエピソードも持っている。その時は松永も一緒だった。

激しい練習に明け暮れているから若者達の腹が減るのは当然だとしても、その食欲に日本青年館の厨房の人達もは半ばあきれ、驚いたに違いない。消費した米の記録が残っていないのが残念だ。

そしてこの合宿に一人遅れて神戸から参加した若者がいた。

名は右近徳太郎。あだ名はトク。大の練習嫌いで、銀座のテーラーから学校に通ったとも、右近を探すならダンスホールに行けとも言われた慶応ボーイの二十四歳だ。

身長一七一センチ、体重六二キロ。甘いマスクの二枚目だったが、攻守にわたってグラウンドを走り回る無尽蔵のスタミナと闘志はこの代表チームには絶対に欠かせない存在だった。後輩にも優しく、愛された反面、常にマイペースで協調性がなく慶大でも監督の手を焼かせたという天才肌のプレーヤーだ。

この合宿の詳細は事前に速達で選手たちに伝えてあった。だが、合宿の初日に右近の姿はなく、「右近は電話を以て問合わせたるに野外演習より未だ帰宅せずとのことなり」と日誌には書かれている。「ただちに出発する旨の電報来る」という記録はこの合宿三日目当日のことなのだ。

鈴木監督をはじめ、工藤と竹腰の両コーチも、スキ焼きに舌鼓を打つ右近を横目にほっとした顔を見合わせたに違いない。右近はこの合宿に参加するまで、さんざん気を揉ませた。もっともこの後さらに気を揉ませることになるのであるが——。

右近は大学の早慶戦では常に川本とは敵同士だったが、代表チームでは違った。ここに欲しい、と思えば必ずそこにボールが来たと川本は振り返る。

「今で言うと長谷部誠をもっと上手にした、そんなタイプでしょうか」

神戸出身で、直接右近を知る賀川氏は現代の選手に例えてそう表現した。Jリーグでも通用したはずだ、とも。

その右近にはこんなエピソードも残っている。

試合中に相手のしつこいマークにあうと右近は黙ってストッキングを降ろした。今では試合中にストッキングを下げることは禁止されているが、ストッキングを降ろすということは疲れた証拠でもあった。だが、右近のそれは違う。ストッキングを降ろしてからが本気だったのだ。そうすることは本気モードに入ったことの証拠だったらしい。だから右近のストッキングを降ろすその姿を見ると相手は警戒した、というのである。

こうして右近が合流し、全員が揃った。

ここにいて飯を食っている若者たちは、現代のサッカーをする全ての人と違うものを一つ持っていた。それは不屈の闘志とか根性とかそういうものではない。それは大前提だ。彼ら戦前にサッカーをする者たちは、ほとんど情報のない中でボールを蹴っていた。つまり現代人が当たり前のように手にしているものを何一つ持っていなかったのだ。

芝と香水の香りではなく、土と汗の匂いのするこの男たちを、賀川氏は「サムライだった」と表現する。

「今のようにプロになって毎日サッカーをして世界中の選手と交流のチャンスがあるというのとは違う。昔はテレビなんてないし、サッカーの映画が見られたわけでもない。もちろん外国のチームと直接試合することなんてないわけです」

では、どうしてスウェーデンを破ることができたのか。選手の一人だった川本が戦後に言った言葉を、賀川氏は教えてくれた。

「ヨーロッパの奴らは俺たちほどサッカーを考えたことがあるのかと。つまり外国の選手は見本が目の前にあるわけですから見てどんどんうまくなるわけです。ところが日本には何もなかった。考えるしかない。だから俺たちほどサッカーをつきつめて考えてないんじゃないか、川本さんはそう言ったわけです」

あるのは知らない国の言葉で書かれた本だけだ。それをひもとき、彼等はヨーロッパの本場でも全く臆することなく戦った。そこには、ひたすらサッカーをつきつめ、考え抜いたその自信が財産として存在し、全ての選手に刻み込まれていたのだ。

賀川氏はそんな当時の日本のサッカーを「インテリのスポーツ」とも表現する。

数少ない洋書の技術書を辞書を片手に日本語に訳し、テキストにする。それをグラウンドの土の上で実際にやりながら、また考え直す。そうした愚直なまでの試行錯誤を昔の学生たちは当たり前のように日々繰り返してきた。

誰もがまず理論的であり、そうした考える下地がベルリンに着いてから目の当りにした本場のサッカーを短期間に吸収し、自分たちのサッカーを修正することにつながる。試合までの彼等の足跡を見れば「ベルリンの奇跡」は決して奇跡などではなく、日本サッカーがコツコツと積み上げてきた必然の勝利だったことがわかるのだ。

「サッカーでは偶然入った一点を守り切って勝つことはあります。でも三点は偶然では入らない。奇跡ではないんです」

賀川氏はそう断言した。

「ベルリンの奇跡」を特集したあるテレビ番組の中で解説者が訳知り顔に、「素人同然の学生たちが優勝候補のスウェーデンに勝った」と表現したことがある。それについて賀川氏は、それはスウェーデンに対して失礼だ、と言う。

「スウェーデンはオリンピックの直前に開催国のドイツを破っているんです。その相手に素人が戦って勝てるはずなどない」

一九三六年の夏、日本のサッカーはある高みに到達する。それを成し遂げたのはこの日本青年館にいる若者たちではあるが、そこに至るまでの日本サッカーの歴史を知らずに、その「奇跡ではない」必然の成功を理解することはできない。

ベルリンへの道を辿る前に、ここで一度日本サッカーの黎明期に目を転じ、時間を遡ってみることにする。それは石井幹子の父、竹内悌三が生まれ、代表選手へと登りつめてゆく道程に重なっている。

竹内悌三と黎明期のサッカー

日本でサッカーが始まったのはいつのことなのか――。

ベルリンオリンピックのおよそ六〇年前の一九世紀後半、一八七三年に東京・築地の海軍兵学寮で、英国海軍中佐が余暇にこの競技を紹介したのが日本にサッカーが伝来した初めという説が有力とされている。一八七三年とは明治六年だから明治維新の最中《さなか》であり、二年前に発令された断髪令に従い明治天皇ご自身も断髪された年でもある。春には敦賀県（現・福井県嶺南）で断髪令に反対して三万人が散髪・洋装の撤廃を要求して一揆を起こし、死刑となった者まで出たとあるから、髷《まげ》とザンギリ頭の和洋折衷の混乱期にサッカーは到来したということになる。

その後サッカー文化は神戸をはじめとした交易港を訪れる外国人によって広がってゆき、やがて高等師範の学生、つまり先生の卵たちのあいだで盛んになってゆく。師範学校ではサッカー部が次々と誕生、学生たちはこの新しいスポーツに夢中になった。

二〇世紀になって明治三十五年（一九〇二）には東京師範学校四年生のフットボール部員がイングランドのサッカー技術書『アソシエイションフットボール』など数冊の文献を翻訳し、翌年には自分たちの経験に照らし合わせながら一冊の本を編纂する。これが日本初のサッカー技術書『アッソシエーションフットボール』という本となった。

いつの時代でも新しいことは若者たちが始める。賀川氏が戦前のサッカーを「インテリのスポーツだった」と言うのは、日本のサッカーがこうした源流から湧き出たものでもあるからだ。

本には当時のサッカーの用具からルール、ポジションの説明などが細かく記されているが、巻頭の写真「ゴールに接近セル場合」は、古めかしい洋風の建物の前のグラウンドに立つ選手たちの写真が目を引く。

長いトレパンの腰には手拭、白い帽子に白い長そでのシャツというおよそサッカーとは思えないスタイルであるが、服装は自由で、「遊戯の際の装束」として着物は不可、「凡そ遊戯の美事、壮快に、活発に」と書かれている。靴に関しては「完全を望むならフットボール用の靴を使用すべきなり」として「舶来品にて東京の大なる靴屋（銀座巴屋）にて之を購ふことを得べし」とも書いてあるから、サッカーシューズに関してはすでに輸入品が売られていたことがわかる。

二年後の明治三十七年（一九〇四）の二月に日露戦争が始まった。その同じ月、東京高等師範の若きチャレンジャーたちは、横浜に住む在留外人スポーツクラブ、ＹＣＡＣ（Yokohama Crikets and Athletic Club）に試合を挑んで〇対九で散る。この当時のサッカーは大きくボールを蹴り出してそれを奪い合い、サイドからあげたロングボールをゴール前で身体をぶつけあってゴールに入れる。そういう激しいイングランドスタイルだった。

おそらく真冬のグラウンドでの初の外国人との試合では、体格的にも劣る日本の若者は弾き飛ばされ、数日間は身体の痛みが癒えなかったはずだ。だが、この試合は日本初の外国チームとの対抗試合として新聞にも載るところとなる。彼等は毎年試合を挑み、四年後に初勝利を挙げる。

竹内悌三が東京・豊島区の駒込に生まれたのは、ちょうどその年の初夏の頃だった。日露戦争の終結から三年、国は財政難で国民は重税にあえぐ、そんな時代のことだ。

悌三の父、竹内悌三郎は旧・安田財閥の重鎮だった。悌三郎が駒込に購入した家は明治の元勲・木戸孝允の邸宅で、二〇〇〇坪の敷地は芝生で覆われ木々が茂っていた。その庭はボールを追うのにちょうどいい広さだったかもしれない。

多くの子どもはまだ着物に下駄で、遊びといえば竹馬や戦争ごっこ、ネツキと呼ばれる木の棒を倒し合う、そんな頃のことだ。いつ悌三少年がサッカーと出会ったのかは定かではないが、小学校時代には初めてサッカーの試合に出場している。

時代は明治から大正へと移り、日本はいわゆる大正デモクラシーの世の中となる。悌三が束ねることになるベルリンオリンピックの代表選手もこの頃生まれ、後に〝大正シングル世代〟と呼ばれるようになった。

大正三年（一九一四）には第一次世界大戦が始まり、三年後にはロシア革命が起きた。この歴史は日本サッカーには何の関係もないようだが、実は意外なところで影響している。

第一次世界大戦が終わってロシアの捕虜となったチェコの兵士たちが、革命の影響で西回りで帰国できずシベリア鉄道で東へと向かい、日本に寄港してアメリカ経由で帰国していった。その途中、寄港先の神戸で神戸一中（現・兵庫県立神戸高等学校）の若者たちとサッカーの試合をしたのだ。当時のサッカーはマイナースポーツだったが、港町の神戸は違う。子どもたちが普通にボールを蹴って育っていた歴史を持つ。

兵士といっても若者であり、当時中学は五年制であったから神戸一中の生徒は今の高校二、三年生くらいだったはずだ。長旅に倦んだチェコの若者たちは、東洋の若者たちと思う存分戦い、汗を流したに違いない。そして、神戸の若者たちにとって、チェコのサッカーは初めて体験するものだった。

普段見慣れた神戸の外人クラブなどのサッカーは、ロングボール主体のイングランドスタイルだ。チェコの兵士たちは違った。短いパスをていねいにつないで攻めて来る。その戦法に神戸一中の生徒の誰もが驚いた。チェコの若者たちは大きくボールを蹴りだすことはない。短いパスをつないで次々に得点を重ねる。神戸の若者は手も足も出なかったに違いない。

ベルリンオリンピック代表の中心選手の一人、右近はこの神戸一中の出身だ。もちろん当時は少年だが、のちに先輩たちからこの試合のことを繰り返し語られたことだろう。体も小さく俊敏な日本人にとってこのショートパス主体のサッカーはぴったりであり、この小さな出会いは後のベルリン大会の勝利へと続く歴史の中に、一つの記憶として刻みこまれたはずだ。

大正ロマンと呼ばれたこの時代、第一次世界大戦の戦勝国となった日本は好景気に沸いていた。

庶民の楽しみは活動大写真、夏には海水浴も始まる。揶揄も込めてモボ・モガと呼ばれた洋装のファッションに身をかためた男女が街を闊歩したのもこの頃だ。上半身裸の女性をモデルにした赤玉ポートワインの広告は、日本初のヌード写真広告として長く知られることになる。

大正十年（一九二一）九月十日——。現在の日本サッカー協会の前身、大日本蹴球協会が生まれた。二年前、日本でもサッカーの大会が行われているのを知ったイングランドのサッカー協会から、大会の優勝チームに授与して欲しいという趣旨で大日本体育協会に大きな銀杯が届けられたのがそのきっかけだった。「サッカーの母国」からの贈りものは本物のFAカップだ。だが当時はまだサッカーの全国大会を運営する組織はなく、カップを受け取った大日本体育協会の嘉納治五郎会長が、東京高等師範の蹴球部長に命じて全国的に蹴球を統括する組織を作らせた。それが大日本蹴球協会の始まりだ。

悌三少年はこの頃、小学校を卒業して府立五中（現・東京都立小石川中等教育学校）へと進む。入学当初学校にサッカー部はなかったが、学校はすでに「校内にボールが乱れ飛ぶ」という状態で、悌三にとって学校に通うということは、それだけでサッカーが出来る環境にいることを意味していた。

同じ頃、一人の外国人青年によって日本のサッカーは劇的に変わろうとしていた。

彼の名はモン・チョウ・デイン。ビルマ（現・ミャンマー）人の留学生だった。この当時のビルマはイギリスの統治下にあり、イギリス領インドの一州だった。チョウ・デインは第一次世界大戦に参戦して怪我を負った軍人でもあったという。数年前から東京高等工業学校（現・東京工業大学）に留学をしていたが、走り高跳びが得意で、早大にいた高跳びの選手、平井武をたずねてやってきた。平井は第五回極東選手権大会の高跳びで一位をとった選手だ。

その日、たまたまグラウンドで早稲田高等学院の学生たちがサッカーをしていた。この頃早稲田のサッカーもロングキック主体のイングランドスタイルで、単純にボールを放り込んでぶつかりあう、そんなレベルにすぎなかったに違いない。

土煙に霞むグラウンドをじっと見てチョウ・デインは平井を呼んだ。

チョウ・デインは目の前で行われている学生たちのレベルの低さにあきれ、「コーチをしてやってもいい」とわざわざ申し出たのだった。

「君らのやっていることはあまりにも幼稚だから」

チョウ・デインの言葉を平井はそう訳して伝えた。いきなりそう言われていったい学生たちはどんな顔をしたのであろう。

チームには、のちにベルリンオリンピックで監督を務める若き日の鈴木重義も泥と汗で汚れた顔をチョウ・デインの前に並べていた。この時、彼等がチョウ・デインの申し出を怒って断ってしまっていたら、後年「ベルリンの奇跡」は起きなかったはずだ。

チョウ・デインはボールを置くと、まずシュートをしてみせた。彼の「鉄の様な細い足」から繰り出す「地上すれすれのシュート」に、若者たちは度胆を抜かれた。これだけで彼がただ者でないことが理解できた。

この日からチョウ・デインは彼等のコーチとなる。

その教えは理論的だった。ボールのここを蹴ればこう飛ぶ、こう曲がるという基本的なことから、ドリブル、トラップ、パスや戦術に至るまでサッカーの基礎の全てを彼は知っていて若者達にそれを伝えた。その中にはファウルのやり方まで含まれていた。そして、「ユニフォームは派手でなければならぬ」という彼の教えによって早稲田は白一色だったユニフォームを鮮やかなグリーンにした。

何より彼が伝えた「ショートパス」は、神戸一中の若者がチェコの兵士からもたらされたものと同じで、彼等にとって全く初めての考え方だった。敵と対峙した際、一度味方にショートパスを出した選手が動いてフリーでパスを受ける戦法は、二人で三角形を作ることから「トライアングルパス」と呼ばれ、試合では極めて有効だった。この戦法の防ぎ方を知らない相手は早稲田の敵ではなかったという。忽然と現れたビルマ人の留学生の教えを若者たちは乾いた砂が水を吸うように吸収し、大正十二年（一九二三）の正月に行われた全国高等学校蹴球大会で優勝、チョウ・デインはにわかに注目を集めることになるのだった。

この年の九月、文字通り関東を揺るがす大災害が起きた。相模湾を震源としたマグニチュード七・九の大地震によって下町は壊滅、被災者一九〇万人、死者は一〇万人を超える日本災害史上最悪の災害となる。

この関東大震災によって蔵前にあったチョウ・デインの留学先、東京高等工業学校の煉瓦校舎が全壊した。授業を続けることができなくなると、彼は請われるまま全国を巡って伝道師のようにサッカーの技術を広めて歩くことになる。

まだラジオ放送すら始まっていない時代で、日本サッカーは海外の情報に飢えていた。震災がなければチョウ・デインのサッカーの技術が日本に広がることもなかったと考えると、悲惨な震災も日本のサッカーにとっては運命が転換する一つのきっかけであったともいえる。

チョウ・デインにサッカーを教えてもらった若者の中には、ベルリンオリンピックのコーチを務めることになる竹腰重丸もいる。旧制山口高校（現・山口大学）の選手だった竹腰は、チョウ・デインの指導で決勝まで進んだ鈴木のいる早稲田高等学院に敗れた男だ。それがきっかけでチョウ・デインに傾倒し、一緒に彼のあとをついて全国を回った。

汽車に揺られ、窓から入る煙にむせながら、竹腰青年はチョウ・デインと熱くサッカーを語ったに違いない。チョウ・デインと共に全国をまわった時のことを戦後、竹腰はこう語っている。

「――それまでの指導法というのはただ怒鳴られるだけだったのですが、彼はよくわかるように理論的に説明してくれたのです。二年の時には東京まで出てきましてね、チョウ・デインがコーチして歩くのについて歩きました。岐阜だとか、神戸だとかについて行ってコーチぶりを見たり、いろいろ教わりました。（中略）最近になっていろいろなフォーメーションなどが言われていますが、その基本については、もうそのころ、ちゃんと教わっていたのです。ボールキープの大切なことを強調したのも彼です。チームプレーというのも、結局はゲームに出てくるいろいろな場面を、こまかく分析していって、それを逆に組み立てるのだということなどは、ちゃんと教わっていたのです。

パスとパスでボールをつないでいって、一人ずつかわしていけば、最後にはゴール前でフリーにシュートできるようになる、というようなことはチョウ・デインが教えてくれていたのです。パスにしても、ショートパスでつなげば、ロングパスでつなぐより、より正確にパスできるのだから、それを組み立てた方がよいのだ、というようなことはもうそのころからわかっていたのです――」

そしてチョウ・デインは日本のために一冊のサッカーの技術書を書いた。それは『How to play association football』という名の冊子で、その中には彼自身がボールを蹴る写真があり、キックのフォームなどは分解写真で表現されている。

前文には「そもそもフットボールはスコットランドで始まったものである」と書かれていた。当時ビルマにはスコットランド人も多く、チョウ・デインはスコットランド人からショートパスのサッカーを教えてもらった男だった。

イングランドでサッカーが誕生して初の国際試合はそのスコットランドが相手だった。スコットランドは、ロングボール主体でセンタリングをゴール前に上げてくるイングランドに対抗して、ショートパスをつないで攻撃を組み立てる方法を編み出した。それによって一〇年間、負けることはなかったという。だから日本サッカーの伝統であるショートパスは実はスコットランド仕込みであったともいえるかもしれない。

こうして日本全国に新しいサッカーの風が吹きぬけている頃、悌三少年は新しくできたサッカー部に入る。学校と家は幸いにも被災を免れた。卒業する十七歳までの間に、悌三は二度、全国大会へ出場を果たしている。この時の仲間には、のちに慶応大学ソッカー（サッカー）部の監督となる松丸貞一、新しい守備システムを研究して論文を発表する長坂謙三、オットー・ネルツのサッカー技術書『フッスバル』を翻訳した浜田諭吉などもいたから、オリンピック代表キャプテンになる悌三を加えて、そうそうたる面々だったともいえる。

府立五中蹴球部の『誕生十年』に寄せられた悌三の「蹴球漫談」を読むとその頃のサッカー少年たちの姿が微笑ましく浮かびあがる。

初めての大会に出た時のチームのユニフォームは、下はカーキ色の兵隊ズボンのような格好で、上は制服のワイシャツ。それを着て「マゴマゴしていたような」チームだったとある。

また、自分のことを「五中時代は甚だ貧弱で、恐らく五中人の他、小生のプレーを記憶している人は少なかったでしょう」とも。しかし、このわずか六年後に悌三は日本代表として初の極東大会優勝を果たすことになるのだから、これは謙遜かもしれない。同じ『誕生十年』の中でチームメートの長坂は悌三をこう回想する。

「――我々一同は良い部を作るべく決心した。練習に励み、さらに主将を作り、統制あるチームを作り、対外試合には立派な成績を残そうと努めた。主将に一同、竹内君を推薦したが、クラス委員等にて忙しい関係上、小生がやることになった」

クラス委員も真面目にやり、蹴球部でも主将に推される。それはのちに代表チームのキャプテンとして信頼される悌三の、勤勉で責任感のある人柄が少年の頃からのものからであったことがわかるエピソードでもある。

一方チョウ・デインのその後の消息は全くの謎だ。忽然と現れ、忽然と消えた。大げさに言えば、サッカーの神様が日本のために遣わしたとしか思えない存在だった。

悌三がチョウ・デインに直接教えを受けたかどうかは不明だが、悌三はその後旧・浦和高校（現・埼玉大）を経て帝大に進み、そこで竹腰と親交を深めて共にプレーをすることになるので、チョウ・デインの技術とサッカー理論を竹腰から繰り返し伝授されたのは間違いない。

時代は短い大正が終わり、昭和へと移る。悌三が選手でいる間の昭和三年（一九二八）から六年（三一）の卒業までの間、帝大は無敗で関東大学リーグ四連覇という成績を残している。竹腰は悌三をこう回想している。

「――竹内君は元来頑健な方ではなく、東大入学当初はカイロプラクティスとかいう療法に凝っており、大学で選手になるのは本人としては無理だと考えていたようであった。然し、真面目な同君は部員となってからは実に律義に努力し、定められた練習日には首に包帯を巻いた姿で練習しているのを見ることも一再に止まらなかった。

良い選手になるには、工夫し、反省し実地練習に数をかけるという三つを繰り返すしか方法はないと思うが、竹内君はそのいずれにも偏せず、東大選手としては最も普通の型でありながらどちらかといえば理論好きであった。（中略）そのプレーが理詰めであり計算型だったのはその性格の反映であろうが、彼の全生活においてそれは言えるようである。彼は健康と練習量との調整に相当苦労していたし、また勉強と蹴球との関係でも毎月無理なく過ごす式で彼の言う学生の本分である講義を聞くことにおいては同世代の東大選手中最も多く聴講した選手だと考えられ、最も善良な東大の学生だった」

体が頑健でないにせよそれを克服しながらサッカーや勉強に打ち込んでいた生真面目な悌三がプレーする帝大は関東大学リーグを連覇し、向かうところ敵なしの存在だった。そのサッカーは正確なショートパスを基本に、ウイングの突込みと精度の高いセンタリング、厚みのある敵ゴールの包囲で圧倒的な力を誇っていたという。

悌三は帝大在学中の昭和五年（一九三〇）、第九回極東選手権競技大会で初めてサッカー全日本選抜代表選手に選ばれ、竹腰と共に国際試合を経験する。二十二歳の時のことだ。

それまでのポジションはセンターハーフだったが、フルバックが手薄な上、一人病欠となったために急きょフルバックとしてピッチに立った。ちなみにフルバックという呼び名はバック専門、フルタイムバックという意味だ。ハーフは攻守半々という意味で、現代のミッドフィルダーを指す。

悌三はそのフルバックを破綻することなく務め、フィリピンに七対二、大会八連覇を遂げていたアジアの覇者中華民国と三対三で引き分け、国際大会で初の一位になる。この時のチームは帝大蹴球部が主体であったとはいえ、それまでの大会に出場していたのは大学の単独チームだったから、史上初の全日本選抜、つまり日本代表の第一号だった。そして青いユニフォームを日本代表が着た、初めての試合でもあった。

翌年の昭和六年（一九三一）、一枚の旗が大日本蹴球協会の部屋に掲げられた。

旗の図柄は三本足の烏がボールをつかんでいるもので、協会の設立にも尽力した漢学者・内野台嶺らの発案を彫刻家の日奈子実三がデザイン化した。

ＪＦＡ（日本サッカー協会）のホームページには「中国の古典にある三足烏とよばれるもので、日の神＝太陽をシンボル化した」とあり、「日本では神武天皇御東征のとき、八咫烏《やたがらす》が天皇の軍隊を道案内した」と続く。

今も和歌山県の熊野本宮にサッカー関係者が必勝祈願に行くのは、主祭神のお仕えがこの八咫烏だからだ。サッカーファンに愛されるキャラクターの誕生はこんなにも古い時代だった。

この頃、悌三よりやや遅れて生まれたベルリンオリ

当時作られた10センチ角の紙に印刷されたマークは、三本足の黒い烏が黄色い太陽の前に立つ（寄贈：田辺徳次郎氏）

ンピックのメンバーたちも、この新しいサッカーの流れの中でボールを蹴り、汗を流していた。

悌三が帝大を卒業すると、川本を擁する早大と右近の慶大が覇を争う時代となる。慶応は浜田諭吉が翻訳したオットー・ネルツの技術書『フッスバル』をテキストにし、フライシュテルレン（フリーの位置をとるの意）とダッシュに合わせた深い角度のパスによるカウンターアタックを得意の攻め手とした。

早大はチョウ・デインのショートパスの教えを守り、そこにロングボールを織り交ぜて改良をしてゆく。そしてハードトレーニングによる圧倒的な運動量と強力な当たりを武器としていた。こうして日本のサッカーは一九三六年のオリンピック初参加へと続く。

ところで戦前のサッカーとはいったいどんなものだったのだろうか――。

まず、練習だが、川本はパス練習に触れ、「トライアングルパス」（※前述のトライアングルパスとは違う）についてのちにこんな記述を残している。

「トライアングルパスとは誰でも知っている様に、ウイングハーフとウイング、インナーと形作る三角形を回すパスである。ウイング、インナー、センター（フォワード）の三人でもまたセンタースリー（レフトウイング、センターフォワード、ライトウイング）の場合でも、トライアングルには相違ないが、ここでは最も基本的な攻撃方法としてウイングハーフを逆頂点とする三角型だと思って欲しい。私達が学生の頃でもパスの練習というと、大部分をこのトライアングルの練習にかけたものだ——」

代表チームもこのショートパスを主体としたコンビネーションプレーの練習を繰り返したに違いない。

ボールは、例の白と黒の六角形と五角形を組み合わせたものはまだない。茶色い革を貼り合わせたもので、スパイクは裏に革のポッチを三枚重ねて六、七個釘で打ち付けて使う。サッカー部の部室には金台と金槌が常備されており、前に力がかかる人は前に、バックはサイドステップを利かせるためにサイドの数を増やすという要領で自由に打つことができた。

当時早大の学生は牛込の喜久井町にあった「水野」という靴屋に入り浸り、そこが部室のようであったという（※現在のスポーツ用品メーカーの美津濃とは無関係）。裕福な家の学生は英国シルコック製のシューズを履いていたが、それをこの店で解体して構造を研究したり、兵隊靴の革を使ってみたりと、その靴屋の夫婦と一緒にずいぶんサッカーシューズの開発に余念がなかった。

店のおかみさんが甲皮を型紙に合わせて切ってミシンをかけ、親父さんが木型にかぶせて皮を引っ張って締め上げるという完全に手作りのシューズだった。そのうち全国から注文が来て作るのが間に合わなくなったという。店の二階に上がってゴロゴロしている学生もいて、おかみさんは丼物を作って食べさせたというから、この店の存在も日本サッカーに大いに寄与したといえるかもしれない。

サッカーシューズの革は当時「朝鮮皮」と呼ばれた朝鮮半島産のものが、触った感触も柔らかく丈夫だった。比較的安く輸入されるようになったドイツのボックスを使うようにもしたが、店の親父さんはカンガルーが甲皮に最高だ、と語っていたという。それより良い革は、という問いには「それは象でしょうね」と真顔で答えたとあるから、店の親父は、人を喰ったキャラクターであったに違いない。

また、悌三たち帝大の選手は小石川にあった「安田」靴店が部室代わりだったから、この当時の道具屋はまさにサッカーの縁の下の力持ちだった。安田は後年シューズメーカーとしてサッカーファンの間に名を残すことになる。

縁の下の力持ちはまだいる。古いサッカーファンは、サッカー用品の「ミクニ」の名前を憶えているはずだ。ミクニは大正十四年（一九二五）上野の車坂に小さな店を構えたのが最初で、一台だけあった自転車にまたがった摚田《もんだ》房次郎社長は試合のたびにコートにラインを引きに行った。当時の様子を摚田社長は「あるボール屋の思い出」と題し、悌三が出場した極東大会当時を振り返ってこう書いている。

「――昭和五年（一九三〇）明治神宮競技場で行われた極東大会の時だったでしょうか。フィリピンとの試合が始まる直前にスコールがあってラインが消え、観衆が一杯いる前でラインを引いたことがありました。頭を下げてかがみこんで夢中でラインを引いて走っているうちに、ゴールのポストにまともにぶつかって買ったばかりのカンカン帽をこわしたこともありました。お客はどっと笑い、私は真っ赤になりました。しかしあれもなつかしい想い出の一つですね。

ライン引きでもう一つの思い出はインター・ハイ（旧制高校の全国大会）の時です。インター・ハイは元旦から始まるのですが、東大御殿下に霜をふんで真夜中に出かけ、月あかりの下でラインを引きました。ラインを引き終わったころ東側の東大病院の方から真っ赤な元旦の日の出があがってくるのですが、あの時の感激は忘れられません。元旦の日の出は東大御殿下で仰ぐのがわたしの恒例でした。

また徹夜で霜どけ防止のムシロを敷いたこともありました。インター・ハイの試合は今では想像もできないくらい荒っぽく、若さにあふれており、全く面白いものでした。今ではあんなバンカラな試合は見られません。（中略）昔の人はよく泣きました。勝ったといっては泣き、負けたといっては泣きました。見ているこっちの方も悲しくなって見物人もワンワン泣いたもんです――勝っても泣き、負けても泣く。見物人も一緒になって号泣する。社長自らラインを引いた古き良き時代のサッカーは、きっと今以上に熱い競技であったに違いない。」

前述したが、戦前の日本のサッカーではゴールキーパーは今のようにルールで守られてはおらず、ハイボールをキャッチする時はフォワードたちの恰好の標的となった。というより、早大でも部員たちはこのゴールキーパーとの競り合い、つまりキーパーを弾きとばす練習を徹底的にやっていた。ゴールキーパーにしても、パンチングはボールというよりも相手の顔や頭を狙うというのが当たり前であったし、ヘディングもそうだ。相手にのしかかるように、時には相手を吹き飛ばす感覚だったという。現代ならすぐに審判の笛が鳴る。早慶戦でコーナーキックのボールが飛んだあと、ボールに関係ないところで慶応の選手が全員倒れたという話も残っている。

本郷の日本サッカーミュージアムに行けば、ベルリンオリンピックの対イタリア戦の一枚の写真にそれを見ることができる。空中に飛びあがった日本選手とイタリア選手のこぶしは互いに相手の顔面をとらえ、カウンターパンチのようにも見えるのだ。

今でも、サッカーは格闘技だ、といわれる。では押田社長の言う「バンカラな試合」がいった

イタリアとの空中戦。互いのこぶしが顔面をとらえる迫真のショット。右は右近徳太郎（写真提供：日本サッカーミュージアム）

いどれほど荒っぽいものであったのか。インテリのスポーツといわれながらも、こうした激しい闘志があってスウェーデン戦は伝説の一戦となる。

そして、現代サッカーと全く違うのは、攻守の基本的な布陣であるフォーメーションだ。

現代ではバックは四人、あるいは三人、フォワードは二人ないし三人、またはワントップが普通だが、この当時はバックは二人、フォワードは五人だった。

ゴールキーパーの前に二人のフルバック、その前に三人のハーフ、最前線には五人のフォワードを置く「超攻撃的」なスタイルで、キーパーを頂点として三角形になることからこのフォーメーションは「ピラミッド型」と呼ばれていた。これは詳しく後述することになるが、現代のオフサイドルールとは違い、攻撃側の最前線の選手一人の前に、現在より一人多い三人の相手側の選手が必要だったことで、バックは二人で対応できたのだ。

関東の早稲田と関西の関学でもそのために守備においての戦術の違いがあった。二人のバックが開き気味で敵のウイングをマークするのが関東型で、両バックがやや内側や深目に位置してロングキックでカウンターを狙うのが関西型だった。ベルリンオリンピックの前に行われた極東大会で戦術の違いで統一感を欠いた、というのはこうしたことを指している。このフォーメーションはすでに世界においては時代遅れであったが、当時の日本では誰もその事実を知らない。だが、この時代遅れの布陣で戦っていたことが、ベルリンで劇的な勝利の一つの鍵となるのだった——。

第二章◉ベルリンへの道

出発

昭和十一年（一九三六）の八月に開催されたベルリンオリンピックは、五二の国と地域から三九八〇名という史上最大の選手を集めて開催された大会だ。ギリシャから聖火のリレーが行われた最初の大会であり、ナチスドイツのプロパガンダに利用されたことから「ヒトラーのオリンピック」とも呼ばれた大会でもある。

第一次大戦で敗戦国となったドイツだったが、ヒトラーは民族の優秀性と自分自身の権力を誇るために国をあげて開催準備を進めさせ、短期間でオリンピックスタジアムや選手村を建設し、空港や道路を整備した。

このベルリン大会は始まる前から平和の祭典とはおよそかけはなれた問題をはらみ、すんなりと開催されたわけではない。その一つがユダヤ人の競技からの排除だ。

開催の三年前、ナチス政権の意を汲んだドイツボクシング連盟が、選手とレフェリーからユダヤ人を締め出した。それを皮切りにユダヤ人のプール使用禁止など「ユダヤ人お断り」の看板を掲げる施設が増え、さらにはユダヤ人はユダヤ人同士の競技を限られた施設で行うなど、極めて露骨な人種差別による「準備」が進められる。

こうしたことに対し、ＩＯＣ（国際オリンピック委員会）は、議論はあったが静観を決める。「大会はファシスト独裁に与えたのではなく、ワイマール共和国下の都市、ベルリンに与えた」という考えのもと、スポーツに政治を持ち込まないという姿勢を堅持したのだ。

だが、各国のスポーツマン、科学者、芸術家たちの間で反・ナチの運動が高まり、アメリカも、参加かボイコットかで揺れる。ナチスもこれを受けて、しぶしぶイギリスに亡命していたユダヤ人選手を呼び戻し、妥協の姿勢を見せた。アメリカが参加を決定したのは開催の前年の暮れのことだ。

こうして開催に至るのだが、ナチス・ドイツはこの平和の祭典を徹底的にプロパガンダのために利用した。女流監督のレニー・リーフェンシュタールが制作した『民族の祭典』と『美の祭典』は大会の記録映画で、前者のハーケンクロイツの旗が翻る開会式の入場行進は、何度もインサートされたヒトラーの映像によって各国がヒトラーに忠誠を誓って行進をしているかのようにモンタージュされて見える。満員の観客もまたあのナチス式敬礼――右手を斜め前に突き出したハイルヒトラーのポーズで応える様子が編集され、実際感極まったドイツの人々からはヒトラーを讃える声も上がった。ナチスの露骨なプロパガンダは大会を通じていたるところで見られたという。

日本では二・二六事件のあった年でもある。大会は平和の祭典であったが、戦争への暗い影を秘めた時代に開催されたオリンピックであったのだ。

初の日本代表の選出で錯綜したことは前述したが、一方で選手選考とは違う大きな悩みを大日本蹴球協会は抱えていた。それは遠征資金である。

初のオリンピック参加は、日本のサッカー界にとって記念すべき話であったが、選手と監督、コーチ、合わせて二一人をドイツへ派遣するための費用は、合宿費などを含めると八万四八〇〇円かかることが判明した。

体育協会からの金と極東大会の余剰金を差し引いても三万円を集めないとベルリンには行けないことがわかったのである。

この頃の一万円は、賀川浩氏によれば「当時神戸の六甲あたりで邸宅といえる庭付きの一戸建てを建てられた」額であった。上級公務員の初任給が七五円の時代、少々乱暴ではあるが一円を三〇〇〇円として計算すると、現代の感覚として九〇〇〇万円に相当する金額が足りなかったことになるかもしれない。

大日本蹴球協会は機関誌『蹴球』で「ベルリン派遣費募集」をこう訴えた。

「――現在の吾蹴球協会の財政状態は遺憾ながら直ちに之を支出する能力は持つに至っておりません。是非共全日本の蹴球関係者、特別愛護者の御後援により代表選手をして後顧の憂いなく十二分に活躍させたいと存じます。世界の蹴球界を観ますと発祥の地英国は勿論、欧州、南米大陸、豪州等いづれの国でも国民的支持は実にすばらしく、蹴球競技に於ける大観衆の熱狂ぶりは我が国の野球試合など遠く及ばないところ、想像もつかないところであります。（中略）我が国民性からみて又現在の研究努力と覇気とをみるならば東洋覇権の確立は勿論世界争覇も近い将来の事と信じており今日我々の苦労が如きは一つの笑い話となるのでありませうが現在はこの花この実を結ばせる為の大事な温床であります、何卒貴下の特別なるご愛顧と御後援によりまして此の目的の達し得られます様特にお願致す次第であります――」

このあと「必要経費」として、旅費、六〇日間の合宿練習費、準備費などの細かい内訳が書かれていて、申込み先、振り込み方法、分割払いの場合は十一年の五月末までなど、事細かに記されている。締切が五月末なのは出発が六月だからだ。

大日本蹴球協会はオリンピック当時、新橋の桜田小学校の入り口に建つ駒場ビルの二階にあった。「蹴球協会です」と名乗れば「宗教協会」と相手に聞き間違えられることも再三あったという笑い話も残っているほど蹴球がマイナーな時代のことだ。

日本サッカーの世界争覇も近い将来と信じ「この自分たちの苦労なども笑い話になるだろう」という一文には、遠い昔にこんなにも日本のサッカーの未来を信じ、愛していた人たちがいたのだと深い感動を覚えずにはいられない。こうした人たちに選手たちは支えられていたのだ。

この派遣費調達のために、大日本蹴球協会は、ゴールのシーンをユーモラスに描いた手拭いや、浴衣の生地までも売り出した。発案は小野卓さんともいわれているが、これは日本で初めての「サポーターグッズ」として、日本サッカーミュージアムに飾られている。

そしてベルリン出発のおよそ一カ月前の五月二十八日、日比谷公会堂で「蹴球選手送別音楽会」

として、代表選手も出席してベートーヴェンの第九交響曲の演奏会が開かれた。

大日本蹴球協会の財務担当の理事・新田純興《すみおき》は客席を埋め尽くした観客を見てほっと胸を撫で下ろしたに違いない。この日の演奏会は、オリンピックへ遠征するサッカー選手団の遠征費にあてる募金目的で企画したものだったからだ。当時三菱鉱業株式会社に勤めていた新田は、オーケストラの楽団員へのギャラは全て新田個人が払い、演奏会を黒字にして全額をオリンピック遠征のために寄付をした。演奏会の収益金は二〇〇〇円余りとあるから、現在の六〇〇万円近い遠征資金がこの日だけで集まった。

自身も帝大でサッカー選手であった新田は、その協会の創立や初の全日本選手権の開催にも力を尽くした。大会の前に大八車でゴールポストを運んでいて、不審に思った警官に職務質問をされたという苦労話も残っている。

そして新田と共に創立に尽力した人に、同じ帝大の野津謙《ゆずる》がいる。旧インターハイの提唱、大日本蹴球協会のＦＩＦＡ加盟の申請、大学サッカーリーグの活性化など、野津の日本サッカーへの功績は大きかったが、同時に医学博士でもあった野津は「死の病」であった結核の学童へのツベルクリン反応の実施計画にも関わり、小児結核の早期発見と治療への道を拓いた人でもある。

もう一人、日本のサッカー史に偉大な功績を残した人として、田辺五兵衛がいる。

竹腰重丸よりも二歳若く、竹内悌三が初代表に選出されて一位となった極東選手権大会では日本代表の役員を務め、ベルリンオリンピックは随行員として自費で単独ベルリンへと渡った人だ。

田辺は貞享四年（一六七八）創業の薬業を継いで、後に現在の田辺製薬社長となり、戦後関西サッカー協会の会長も務めるが、賀川氏によれば「広汎な知識は、まさに博覧強記。そのサッカー談義は、私たち後輩にとっては世界への窓であり、歴史の扉だった」という人物だ。若い頃もサッカーにまつわる外国の文献を求めて丸善に通いつめ、後輩の指導にあたった。サッカーボールの代名詞でもあった五角形と六角形を組み合わせた白黒のボールは田辺がドイツで見てその使用を薦め、戦後、日本での導入のもとになったといわれている。

田辺はもとの名を田辺治太郎《じたろう》といい「治太はん」と呼ばれて親しまれていた。体格もよい「治太はん」には二度、選手を背中にかついで歩いたエピソードが残っている。

一度目は悌三も出場した昭和五年（一九三〇）の極東大会の時だ。中華民国との激戦が終わり、歩くことはおろか立つこともできなくなった竹腰を背負って明治神宮外苑競技場から宿舎の日本青年館まで歩いて帰ったという。もう一度はベルリンオリンピックの後、スイスで行われた練習試合で川本泰三が足首を骨折、その時にも「治太はん」は川本を背負って運んだのであった。神戸の自宅にはいつも関西のサッカー関係者が入り浸っていてサロンのようだったそうで、田辺はベルリンオリンピックの募金には三〇〇〇円を寄付した。

このオリンピックの派遣費として、選手として唯一多額の寄付をした男がいた。竹内悌三だ。悌三の寄付金は前述の二人に次いで多い一〇〇〇円。実家が資産家だということもあるが、「理詰めで計算型」だった人物像から想像すると、現代の三〇〇万円に近い多額の寄付金には相応のしっかりとした理由があったはずだ。それを確かめるすべはないが、おそらく第一にこの競技の未来への投資、という視点があったのではないか。

「昔からお父様は、今にサッカーが盛んになる日が来る。こんなに面白くて国際的なスポーツはないのだから、と言っていたのよ」

悌三の妻は、娘である石井幹子に何度もそう語ったという。二十八歳だった悌三はオリンピックのあと、一人残ってヨーロッパのサッカーを観戦してまわり、スイス、イタリア、ベルギー、イングランド、フランス等での観戦記を「欧州の蹴球」と題して協会機関誌に投稿する。その詳細なレポートは情報もない次世代の若者たちに大きな影響を与えた。そのあとも、サッカーのために尽力していたことを思うと、悌三の抱いていたオリンピックへの夢はきっと大きなものだったと想像できる。

寄付の理由の第二は、ベルリンオリンピックへの出場が、悌三にとって最初で最後のチャンスだったということだ。

四年前のロサンゼルスオリンピックは、悌三は二十四歳で、体力的にも選手としてはベストだったはずだ。だがこの大会の種目にはサッカーそのものがなかった。職業を持つ選手の休業に対して払われる休業補償がオリンピックのアマチュア規定に抵触するかどうかで揉め、オリンピックには不参加となったのだ。このロス五輪に行けなくなった選手の無念さは、禁酒・禁煙で映画館にも入らずにサッカーに打ち込んでいた竹腰が「酒を飲むようになったのはロス五輪に行けないとわかった時だ」と語ったことからもわかる。

そして、ベルリン大会の四年後、昭和一五年（一九四〇）に開催される次の大会では、悌三は三十二歳だ。現代の三十二歳とは違う。体力的に考えても、ベルリン大会が最後のチャンスであっただろう。ましてベルリンの代表候補は早稲田大学のメンバーを主体としていた。コーチは帝大の先輩である竹腰で、極東大会を経験した悌三を信頼して推薦したに違いない。そう考えると、派遣費が足りないという理由で参加が覚束なくなることはどうしても避けたかったはずだ——。


オリンピック出発前の代表チームの合宿は、四月二十三日から五月十日まで第一次合宿、五月十八日から三十一日まで第二次合宿が行われた。

金容植と悌三はグラウンドで日本とのサッカーと彼らのサッカーの比較をして何度も議論をした。この当時の日本、中でも関東のサッカーは速攻を主とした速さと激しさのサッカーだった。それに比べて朝鮮の選手のプレーは違う。金は悌三にこう言った。

「内地の蹴球は余裕がないしキープが足りない。無茶苦茶に突進するのみだ。（パスコースが）空いていないのにパスをする」

これでは無理で、朝鮮ではこういうやり方を「慌てている」と言うのだと続けた。だから日本のサッカーは自分達には調子が合わず、全くやりにくいというのが金の言い分だった。

悌三から見れば「朝鮮のあまりにも（ボールを）回しすぎるテンポの遅いやり方」は全て肯定で

きるわけではないにしても、一部でうなずけるものだった。自分のサッカーが「いつも余裕がなく、駆け引きに乏しい策のないものである」と感じていたからだ。それに対してある種の不満と懐疑をもっていたとも言っている。

このエピソードはベルリンオリンピックが終わったあともヨーロッパに残ってサッカーをつぶさに見て書いた「欧州の蹴球」の中で回想しているのだが、自分に置き換えて「余裕がない」と表現したが、それは日本のサッカーそのものだ、と言いたかったに違いない。その金の言葉を悌三はベルリンのピッチの上で実感することになる。

ベルリンへ発つ前の悌三にはもう一つの不安があった。それはゴールキーパーだ。

悌三はベルリンに発つ前に協会の機関誌『蹴球』に「フルバックからゴールキーパーへの注文」という一文を寄せている。そこには今よりももっと「激しさとスピード」をキーパーに求め、「ゴールキーパーは少なくともフルバックやハーフバックのプレーをし得るだけの技術と戦術的頭脳を持ってなければいけない」という提言をしている。

「ある意味、チームの中で最もスプリントのある人がゴールを守るべきだと思う」。そうも悌三は言う。〝リー〟ことゴールキーパーの佐野理平は今でいうフィジカルに難があった。悌三はそれも危惧していたのかもしれない。

五月十八日から始まった第二次合宿の二日目は雨のため練習は休みとなり、夕方の六時から食事を兼ねて日本橋の白木屋で選手会が開かれた。

ここで竹腰と工藤孝一両コーチから技術的な注意があったあと、監督の鈴木重義が全選手を前に発表した。

「代表チーム主将を竹内悌三、副将として立原元夫はどうか」

誰も異論はなく、大きな拍手をもって迎えられ、竹内悌三主将が誕生した。

この時、チームには一つの不安があった。チームの大事な柱である右近が五日経ってもまだ参加していないのである。

右近のいない練習試合では帝大とはわずかに一点差の二対一というありさまで鈴木監督も竹腰コーチも頭を悩ませていた。五月二十六日の慶大との練習試合ではついに代表チームは二対四で負けてしまう。中盤の要である右近の不在は大きかった。合宿日誌には、代表闘志なく散る、とだけ書かれている。

一次合宿の全関東選抜との練習試合を四対一で終えた後、竹腰は選手にこう伝えた。

「まことに遺憾で、死力を尽くして戦ったとは到底思えない。精神的なゆるみを生じていることの原因は、選手に決定したことからくる安心感である。オリンピック選手になれる誇りは形式的なものではなく、純粋にスポーツの立場よりの誇りでなくてはならん」

自身が極東大会に出場した時は母の形見の小刀を合宿に持ち込み、夜にはそれを見て精神統一をしていたという逸話が残るくらいストイックな男だ。オリンピック代表が本大会まであと二カ月足らずという時期に慶大に負けてしまうということの結果に対して竹腰が何と言うか、選手たちはやや緊張してその言葉を待ったかもしれない。

だが、竹腰の口から洩れた言葉は意外なことだった。

「右近が、家庭の事情で選手を辞退したいと言ってきた」

この時、誰もが言葉を失ったに違いない。

「ただし、右近が出場できなくとも今後選手を補充することはない。現在の選手をもって団結し、いっそう頑張ろう」

ベルリンへの出発は目前なのだ。鈴木監督は、神戸に住む右近の親に会うため、翌日には東海道線の汽車に乗り、東京を後にした。

慶応ソッカー部の監督だった松丸貞一は後に右近のことを、サッカーをこよなく愛し、稀代の名選手であったとしながらもこう言っている。

「精神的に孤独で貴族的な小児性があり、試合場で最も信頼された選手であるにもかかわらず、平常の生活では一般と歩調を合わせることのできない性格があった。常にマイペースで、規制することもされることも好まない性格は、監督としてたのもしくもある反面、統制上随分悩まされた」

結局右近は二次合宿には参加せず、六月一日からの第三次合宿が始まっても、まだ父親が上京したり、監督や協会の理事が集まって協議したりと右近問題は揉めていた。

右近が合宿参加に難色を示していた理由は東西の選手選考の余波ではないかとも思えたのだが、生前映画評論家だった小森和子の自叙伝『流れるままに、愛』によると、右近は宝塚のダンスホールで友人から小森を紹介されるという場面に登場する。

恋多き女性であった若き日の小森はちょうど恋人を失ったばかりで、二人は恋に落ち、小森から誘って二人で旅行にも出かけた。右近が手練手管の小森に夢中になってゆく様子が自叙伝には克明に書かれている。その時期が「オリンピックの数か月前」とあるから、この合宿不参加に関係あることはほぼ間違いない。

もっともベルリンオリンピックの高飛び込みで四位になった大沢令子は、以前彼女の入居していた介護ホームを私が訪ねた時、右近にオリンピック前に求婚されていたと明かしてくれたことがある。オリンピック当時、御茶ノ水にあった日本初のスポーツ店美津濃に勤めていた大沢は店の看板娘であったのだ。

こうした事実から、右近徳太郎は相当な「プレイボーイ」であったことが想像できる。

この当時は今と違って若い男女が手をつないで外を歩くなどということはなく、そんなことをすれば警官に注意されるような時代だった。だからといって若者であることには変わりはない。もちろん恋もする。だが女性と接する機会はそうはなく、多くが見合い結婚だった。早大で当時サッカーをしていた村形繁明氏は、高田馬場から東伏見へ通う電車の中で女学生を遠くから眺めるだけで、それを「磯のあわびの片思い」と仲間に囃されたと語ってくれたことがある。あわびの片思いは、貝が片方しかないように見えるあわびにかけた万葉集の歌からくる。こちらの方が多くの若者像に近かったのかもしれない。

この当時、早大の蹴球部の若者たちは練習が終わると、よくダンスホールへ行っていた。〝チュウガモ〟の加茂健は生前、メールでのやり取りの中で当時をこう語ってくれた。

「──ダンスの思い出。私が大学生の時、早稲田のサッカー部の連中はダンスに夢中になる機会が多かった。東伏見で練習がすんだあと、酒をあおり、ほろ酔い機嫌で埼玉県川口のダンスホールに通ったものである。またサッカー部がベルリンオリンピックの前後に満州と上海に遠征したことがあるが、その時もダンスに夢中になっていた。早稲田大学の島田総長も一緒だった。総長もダンサーの手をとっていとも楽し気にホールの外側をスイスイ踊っておられる姿が思い浮かぶ。上海の遠征がすんで翌日、乗船してから甲板で早速練習を始め、神戸に着くまで続き、くたびれてダウンしてしまった記憶がある──」

バンカラなイメージの早大生であるが、こんなにスマートな面も持っていた。

今でいえば、練習が終わったあとクラブに行って踊る、ということかもしれない。だが、当時のダンスホールは、ワンダンス・チケットというチケットを購入してビッグバンドの演奏するホールに入り、座って待っているダンサーの女性に一曲分のチケットを渡し、ダンスを申し込んで踊るというシステムだった。

きちんとステップを踏めないと踊ることなどできない。遊ぶにしてもちゃんとした素養が必要な時代だった。語学に堪能であった堀江は、このワンダンス・チケットの費用をかせぐために兄と一緒に『社交ダンス入門』の訳をして出版したという話も残っている。右近もまたダンスホールにはよく通った一人であった。

その右近がようやく合宿に参加したのは、選手団のブレザーも出来上がった六月七日の夜のこと、ベルリンへ出発する二週間前であった。

右近の合流でキャプテンの悌三も仲間達もどれほど胸を撫で下ろしたことであろう。自信を取り戻した代表チームは合宿最後の練習試合で、帝大に七点の差をつけて勝つ。

合宿も終わりに近づくと、『蹴球』に掲載するための写真撮影や配給品の配布など、慌ただしく日々が過ぎていった。

配給品の記録を見ると、石鹼、ポマード、帽子、ネクタイなどのほかにカルピスという記載もある。当時、カルピスは「健康飲料」だった。

一方ベルリンオリンピックでサッカーに出場する国が明らかになった。イタリア、アメリカ、ノルウェー、トルコ、ドイツ、ルクセンブルグ、スウェーデン、ポーランド、ハンガリー、エジプト、オーストリー、イギリス、中華民国、ペルー、フィンランド、日本の一六カ国。予選リーグはなくて勝ち抜き戦、つまり負けたら終わりのノックアウトシステムだ。

日本の対戦相手はスウェーデン、緒戦は八月四日と決まった。現代のような情報など少ない時代のことだ。ヨーロッパの国がいったいどんなサッカーをするのか誰も知らないし、見たことなどない。オリンピックの後に参加選手の書いたレポートの中で、選手の一人である高橋豊二は「私はヨーロッパのフットボールとはバスケットの様なものであろうと思っていた者でした」と言っている。そしてレポートはこのあと「しかし実際に見てみると、フットボールとは其程簡単なものではなく相當に難しいものだということを感じました」と続く。選手たちがヨーロッパの国にどんなイメージを抱いていたのかは確かめるすべはないが、やってみて「相當に難しいものだ」と思ったからには、恐れを抱いていたとは思えない。むしろ逆であったのではないか。それでも選手の中には悲観的に考えていた者もいて、スウェーデンに二〇対〇で負けると思っていたという話も残る。

六月十四日、全員に新調したユニフォームが配られた。

広げてみれば、胸には真新しい日の丸が縫い付けてある。そしてユニフォームの色は海の青。出発まであと六日、海に囲まれた日本が初めて世界と戦う、そういう気概を示したユニフォームだった。

シベリア横断鉄道

ベルリンオリンピック代表選手団が東京駅を出発したのは、昭和十一年(一九三六)の六月二十日だ。すでに九四名は四班に分かれて先行しており、サッカー代表は残りの本隊一五八名の中にいた。良く晴れた土曜の朝、明治神宮で参拝したあと緑の中を行進、一行は宮城《きゅうじょう》(皇居)に向けてバスで移動した。二重橋を前に音楽隊が「君が代」を演奏すると、「何とも言えぬ荘厳さに打たれ、背に水したような身震いをした」と加茂健の弟、加茂正五はその時の心境を日記に書いている。

この選手団の先頭で日章旗の旗手を務めたのは竹内悌三だった。その掲げる旗の後には陸上、水泳男女がそれぞれ四列で続き、サッカー、カッター(ボート)、ホッケーがその後ろを、さらにボクシング、体操、バスケットボール、馬術、ヨット、レスリングの順で選手が続き、役員も入れた大選手団がお揃いの紺のブレザーに帽子を着用して沿道の歓声の中を堂々と行進してゆく。

灰色の帽子は戦闘帽の形をしており、ブレザーは紺にオレンジの縁取りだ。選手の間では「まるでチンドン屋のようだった」と不評でもあったが、「一五〇人も一緒になれば、それほど下品に

選手団の明治神宮参拝　旗手は竹内悌三（写真提供：日本サッカーミュージアム）

も見えなかった」と加茂弟は日記に記した。オリンピック選手を一目見ようと沿道を埋め尽くした人々が日の丸の小旗を振ると、選手たちはそれに笑顔で応えた。

東京駅のホームでは四〇名の警官が縄を張って警備する中、大勢の人々が乗り込む選手たちに熱烈な声援を送る。

「二年前の極東大会（※マニラで開催）の出発の淋しさとは雲泥の差だ」

そう川本は驚いた。やがて万歳を叫ぶ声をかき消して汽笛が鳴り、もうもうとした白い蒸気を残して汽車は東京駅を出発してゆく――。

臨時編成の特別列車の寝台車には、各車両に乗っている選手たちの競技名のプレートが掲げられていた。それは先々の駅での見送り客のためでもある。

品川駅に着くと、待ち構えていた学ランに角帽の早大蹴球部員たちが「蹴球」と書かれた客車に駆け寄って声援を送る。横浜を過ぎて静岡や浜松に着けば、そこは加茂兄弟や松永をはじめ、佐野理平、笹野積次、堀江忠男と出身選手の多い地元だ。浜松駅では加茂兄弟の両親や弟、中学校の校長、先生、学生たちがホームを埋め、大声で応援歌を歌う。兄弟は父母と話をすることもできず、加茂弟は、母親が大勢の人の中で少し興奮気味で後で倒れはしないかと心配だったと振り返ったほどだから、よほどの混雑だったに違いない。

この駅で加茂兄弟と堀江は、兄弟の従妹から花束を受け取っている。

「花束など貰ったことのない僕としては一寸嬉しかった」そう、加茂弟の日記には記されている。

郷里の学生時代、その従妹とバスで一緒になってもあまりにもむさくるしいため無視されたというエピソードを持つ男でもあるのだ。

こうして特別列車は走り続けた。列車が停まるたび、ホームを埋めた代表選手応援の人々が窓から手を伸ばして握手を求め、餞別の菓子箱やら果物の籠を差し入れてくる。

その熱狂ぶりは、右近や川本の故郷の関西を過ぎ岡山や広島を通過しても変わらず、車内一杯に餞別の箱が占領して小野卓爾マネージャーはその整理に追われた。

今と違って冷房などはない。トンネルにさしかかれば窓を閉めないと煙が入ってきて煤だらけになる。しかもオリンピック代表選手として、下関を出て中国大陸の新京（現・長春）に着くまではきちんとネクタイを締め、ブレザーを着用することを義務づけられていたから、選手たちは相当窮屈だったはずだ。

下関から船で釜山に渡る時は海が荒れ、ボート競技の選手以外は全員船酔いしたという。

そのあと鉄道で初夏の朝鮮半島を移動、新京で一泊する。ここまで来ると選手の見送りは金容植をはじめとした朝鮮半島の選手の関係者だけになり、一同はようやく一息つけた。それでもソ連との国境を目指して列車の旅が始まると、満州の主要駅では日の丸の旗の波が彼らを歓迎した。

堀江は日本を立つ前にハルビン蹴球協会の知人に手紙で駅に着く日を連絡していた。

早大チームは二年前に満州遠征をした。その時、堀江はハルビン蹴球会長で新聞記者のパパダートと親交を深めていたのだった。ところが、チームを全員連れて見送りに来る、と言っていたのにホームには会長一人しかいない。この時のことを、堀江は著書『わが青春のサッカー』の中でこう書いている。

「――われわれの乗った特別列車がハルビン駅に着いた。ホームに降りると、パパダート氏が一人で立っていた。停車時間が長かったので、キタイスカヤの街の同氏の店まで行って、コーヒーとケーキをごちそうになった。同氏が言った。昨日は、チームの旗を先頭に全員ホームに整列して待っていたんですよ。私の新聞にあなたが手紙で教えてくれた通過日時を載せたら、満鉄（※南満州鉄道の通称）から一日まちがっているから訂正してほしいと連絡があったのです。だが、やっぱりあなたの知らせが正しかった」

選手団の到着は本当の到着よりも一日早い予定日が事前に新聞に掲載された。それで見送りは誰もいなかったのだ。だが、鉄道会社が間違えたわけではない。それは代表選手団を守るためだった。明治以降中国大陸に進出して支配を進めてきた日本は、匪賊とも呼ばれる大小の武装集団に長く手を焼いていた。だから、抗日ゲリラなどの襲撃を恐れて情報を変えたのだ。オリンピック代表選手団のベルリンへの陸路の旅は、そういう時代の旅だった。日本国内にいては実感できない不穏な空気を、選手たちはここに来て初めて肌で知ることになった。

そもそも満州国とは何か――。四年前の昭和七年（一九三二）に建国されたばかりで、清朝のラストエンペラー溥儀を執政（のちに皇帝）として日本の敗戦までの一三年間だけ現在の中国東北部に存在していた「国」だ。建国の理念として、日本人、漢人、朝鮮人、満州人、蒙古人による「五族協和」と「王道楽土」というスローガンを掲げていたが、実態は、独立国家として日本が造った国であり、満州は日本の関東軍の強い影響下に置かれている。国土の狭い日本からは、最終的に五〇万人という移民が満州へ渡ったという。

関東軍とは、そもそも鉄道を守るという名目で中国の関東州に駐留した日本最強の軍隊の名だ。かつてロシアは不凍港を得るために遼東半島まで南下して鉄道を敷設した。日露戦争に勝ったあと、日本はさまざまな権益を手にし、その鉄道を守るという名目で大陸に軍を進めることに成功したのだった。満州全土を占領して満州国建国のきっかけとなった満州事変もこの関東軍によって引き起こされる。

中華民国が日本を強く敵視していたのには、こうして自分たちの国の中に日本が居座って支配しているという至極もっともな理由による。中華民国は国際連盟に抗議して提訴、審議の結果、満州は法的には中華民国の主権下にあるべきだということになる。

ジュネーブでこの国際連盟総会に日本の全権大使として乗り込んだ松岡洋右が「もはや日本政府は連盟と協力する努力の限界に達した」と表明し、その場を退席して連盟を脱退したのは三年前のこと。新聞には松岡を英雄視した言葉が並んだ。海に囲まれた日本にとって満州と朝鮮半島は中ソからの防衛線であり、輸入に頼っていた資源の宝庫でもある。アメリカの経済封鎖によって当時日本国内でまかなえる主要産業は養蚕業だけという状態で、満州を失うことは文字通り生命線を失うということを意味していた——。

ハルビンを出てハイラルに着く少し前から、車掌が客室を回り、窓のブラインドを全て下げて歩いた。日ソ中立条約の締結はまだ五年先のことであり、国境近くには日本軍のソ連に対する防御陣地が築かれていたからだ。選手たちは、遠く日本を離れるにつれ、軍事的な緊張をも知る。こうしてソ連との国境の町、満州里に着いたのは、六月二十五日の昼頃。東京を出て五日が過ぎている。ここでシベリア横断鉄道に乗り換えるために、選手たちは荷物を手にホームに降り立った。

悌三はこの九年後、終戦の年にこの満州里に再びやってくることになる。

その時、懐かしい満州里の駅で悌三が乗せられたのは、故国に向かう列車ではない。のちに「人生最高の時だった」と振り返るヨーロッパへの旅とは逆の片道列車であった。だが、この時はもちろんその運命など知る由もない。

のちに遺品となって子どもたちに遺されることになる大きな旅行鞄を手に、鉄条網で仕切られた国境を代表選手団とともに徒歩で越え、ソ連側のシベリア横断鉄道の引込線の駅まで歩いたのであった。

この駅での税関検査は五時間に及ぶもので、これについて工藤コーチは「異国における言葉の不自由さも手伝って、今まで元気だった連中もかなりショゲかえった様子だった」と、のちに振り返っている。検査はそれほど無遠慮で執拗なものだった。

税関検査の職員は皆無表情で、誰に対しても一律に「Have you a gun?」と銃の有無を聞き、カメラを持っている者からは国境を越えるまでそれを封印して取り上げた。

「気味の悪いG・P・Uが多数いる」

加茂弟はそう日記に書いている。G・P・U、ゲーペーウーはソ連の国家政治保安部、つまり反政府的運動や思想を弾圧した秘密警察を指す。長いシベリア横断鉄道の旅で、選手たちは何度もこのG・P・Uと駅で出会うことになる。

「おい、あれを見ろよ」

一人が指をさすと、サッカー代表選手たちは空地の柵に近づいた。

駅の近くの小村の空地にはサッカーのゴールポストが立っている。それは当時の日本では全く見られない風景であった。そして、シベリア横断鉄道で長くシベリアの大地を走るうち、代表選手たちは、このあと何度も汽車の窓からゴールポストを目撃する。貧しい村落のグラウンドは良い状態ではなく、縦が八〇メートルもなかったり、ある村には片方のゴールポストが朽ちて倒れそうになっているところもあった。だが、鳥打帽にルパシカ（※ロシアの農民の服）姿の労働者たちがそこでボールを追い、走っているのを汽車の窓から見ると、日本と違って日常の生活の中にサッカーが根づいているということに誰もが驚いた。

一方、ソ連に入ってからは、すれ違う列車は全て軍用列車だった。兵士、石油、敷設用のレール、自動車を積み、そのタイヤからはスリップ防止の「針」が出ていたという。

六月二十七日、初夏のウラルの草原の真ん中に長い客車を連結した蒸気機関車がゆっくりと停車した。バイカル湖畔を半日以上走り続けたそのあとのこと、客車からはサッカーボールを抱えた若者たちが降りてきた。草原にボールを蹴る音や笑い声が響くと、他の競技の選手も客車を降りて思い思いに身体を伸ばす。久々に踏む大地の感触だった。

一五〇名あまりのオリンピック代表選手団のシベリア横断鉄道の旅は、満州との国境の町を出発して三日が過ぎていた。日本を出て八日の汽車の旅だ。狭い寝台車で過ごしている彼らにとって汽車の停車だけが憩のひと時であり、練習時間でもある。

長く駅に停まるたび、選手たちは物売りたちの間をぬってホームを軽く走ったり、ボールをリフティングして身体を動かした。堀江は、汽車に乗り続けて「身体がゆるんでしまった上に固いホームを走ると踵へビンビン響くし足はふらつくしで、どうにも心細かった」と書いている。

前の日、チタの駅では、二五分間停車の予定が三時間も停まっていた。その時は薪を拾いにいっているのではないかという陰口もあったが、こんなに練習にぴったりの広い草原で理由もなく突然停車したのは、選手たちのためにわざわざ草原を見つけて停まってくれたとしか思えなかったという。

手足を伸ばす者、ボールを高く蹴る者にまじって、悌三もまた胸一杯に草いきれを吸い込み、色とりどりの花の咲く草原を見渡したに違いない。見上げれば、空には茜色の雲——。初夏のロシアは過ごしやすい季節のはじまりだ。バイカル湖畔の美しい風景を別とすれば、窓から見えるのはただ広大な草原と森の繰り返しであったが、こうして実際に大地を踏むのは格別な爽快感があったはずだ。

工藤コーチは「大会前の練習」という報告書の中でこの旅を「我々は、身体の疲労と共に、極度にイライラした気持ちになってしまった」と書いている。

シベリア横断鉄道はウラジオストックからモスクワまで九二〇〇キロを超える世界で最も長い鉄道だ。まだ航空機の旅などない時代、選手たちはオリンピックを戦う前に、まずこの陸路の長旅に耐えなければならなかった。途中駅から乗車したとはいえ、そのほとんどが平原を走る旅であり、寝台車は窮屈で空気も埃っぽく、シャワーはあっても高価で毎日というわけにもいかない。さらに硬くてすっぱい黒パンやスープも口に合わないし、その食事にしても、食堂車は一両しかなくて三〇人しか入れない。食事のたびに五回に分けて交代で食べることは相当不便だった。

他競技の選手が通路で七輪に火をおこして飯盒で飯を炊いたという話もあるから、小野マネージャーもきっとそれくらいのことはしたはずだ。差し入れの乾物などをやりくりして副食として選手たちに食べさせ、体調管理に気をつかっていたのは間違いない。

草原のあちこちで様々な競技の選手たちが身体をほぐし、ランニングをする——ここはまるで運動場のようだ。サッカー代表の選手たちは草原の中で存分に身体をほぐしたあと、全員で輪になってヘディングでボールを落とさないようにして遊んだ。

「おーい、ノコさん、列車が出るぞ！」

遠くに転がったボールを拾いに走った竹腰コーチに誰かがふざけて声をかけると、大きな笑い声があがった――。

「とにかくちょっとしたことが、憂鬱な気分を転換してくれる」

そう加茂弟の日記にはある。

選手たちは長い汽車の旅の道中、同行していた通訳から簡単なロシア語を教えてもらい、それを駅で使ってみたり、G・P・Uのいない小さな駅では、本来禁止されている物々交換を楽しんだ。ロシアの少年や少女は花束や牛乳、卵を手に汽車の降車口に集まってくる。選手の一人は持ってきた梨一つと牛乳1本を、ガムやチョコを花束と交換したという。

それ以外の時間について加茂兄は、多くの時間を読書やトランプ、麻雀をして過ごしたと語っているから運動選手にとってこの列車の旅は体に悪い環境だったに違いない。汽車の中も外も暑く、乗り心地は悪かった。

以下、少し長いが、列車での生活を加茂弟の日記から一部抜粋してみる。

―六月二十八日　日　晴れ暑し　クラスノヤルスク
十五分、駅に停車。労働者の多数なるのには驚く。いずれもみなりは悪く活気なし。ボートの選手がトレーニングをしていると、之《これ》を見に人々が寄ると、ゲーペーウーが来て追い払ってしまう。とにかく労働者に敵意なくとも軍人が総てすごい目をして我々を群集とへだてるので、自然我々にはロシア人は感じ悪いという印象が深く刻まれてしまった。それでも田舎の駅などでは胸にスポーツの徽章（※ワッペン）をつけた若い人が『俺はフットボールをやっている』と手まね、みぶりで示して懐かしそうにそばにやってくる。ふと駅の出入り口を見ると、ずぬけて垢ぬけした娘が歩いてゆく。こんな立派ななりをした者はほとんどない全く珍しい存在であった。軍人の娘であろう。（後略）

—六月二十九日　月　午前　快晴曇りのち晴れ

パラビンスクで湯を取る。少し球を蹴る。きれいな駅であった。昨日に増し猛烈な暑さ。午後になり、曇ってくる。オムスクに着く前には雨が降り、楽になる。オムスクはまだ工事中の駅でガランとしている。思ったより停車時間短く、否、短くしたのであろう、早く発車する。その発車間際兄が「不破が地下室に水を汲みに行ってまだ汽車に乗っていない」と周章（※狼狽の意）して、ホームの建物の地下室に走り込む。鐘が二つ鳴って、入ったとたん笛を鳴らして出発の合図をするので心配になり、建物の入り口まで行き、汽車の方を見たり中を見たりしている内に汽車が動き出してしまったので、大声で兄を呼んで列車に飛び乗る。

もう二十秒も兄の来るのが遅かったら乗り遅れてしまったであろう。時間がはっきり決まっていないのには閉口した。

チタ駅より始めた事だが、ボクシングの練習をする。グローブなしの拳闘だからすごい。型をやろうなどと初めのうちは殊勝らしくやっていたが、少し強く殴るか多く殴るとたんに相手が張り切り、素手のコブシをふりあげて打ちかかる。仕方なく防戦する。M氏（※おそらく〝マゴ〟高橋を指す）に左眼の上に瘤を作られる。また、そのかわりにM氏に五、六発くらはせる。口を動かすと痛いとダルマ顔をしかめて口を動かしていた。（中略）仕方なく挑戦に応じて俄然ものすごい格闘をやる。両方血を出すのでやめる。顔面に二発ストレートを喰わせたがまたこちらもひたいと口びるをやられる。素手のため良い音がした。今日は敵を二人続けてもったので少しへばる。

—六月三十日　火　曇り

うつらうつらしていると急に半鐘の音が二つばかり聞こえるので、飛び起きると、がっかり汽車の中。寝ていたのだ。丁度汽車の出発の合図を家にて聞く半鐘の音と間違えてしまったのだ。そろそろ汽車のベッドが家と同じ様になってきた感じだ。こんな埃の多い薄汚い場所を家と間違えるとは淋しいと思ったらポンポンさん（※鈴木監督のあだ名）も同じ様なことを言っていたので安心した。（後略）——。

七月一日には選手団はモスクワに到着し、市内をバスで巡った。インツーリスト（※ソ連の外人観光局）の女性の話す英語を堀江が大声で訳す、そういうバスツアーだった。選手たちは窓から顔を出し、列車の中で覚えたばかりのロシア語で道行く人に手を振り「ダズビダーニャ」（※さようなら）と叫ぶ。相手も手を挙げて笑顔を返した。

日本を出て二週間後の七月三日、モスクワ、ポーランドのワルシャワを経てドイツのベルリンへ到着する。この時、車窓から見える家の窓という窓には花とハーケンクロイツの旗、そして日

ベルリン市民からナチス式敬礼で熱烈な歓迎を受ける。日章旗を持つのは竹内悌三
（写真提供：竹内宣之氏）

の丸の旗も見えたという。

代表選手団が降りた駅は、フリードリヒ・シュトラーセ駅で、ベルリンの中心地、フリードリッヒ通りがシュプレー川と交差する場所にあった。第二次大戦後、東西分断の時代には国境の駅として知られることになる駅だ。

選手たちが列車から降り立つと、ホームには赤い絨毯が長く敷かれており、ハーケンクロイツの旗が駅の柱にずらりと並んでいる。楽隊が歓迎の音楽を演奏し、ベルリン市民やドイツオリンピック組織委員会の熱烈な歓迎を受けた。日本からやってきた代表選手団は、こうして一万三〇〇〇キロの旅を終えたのだった。

ベルリン到着の日本選手団。駅構内のプラットホームBの看板の向こうにハーケンクロイツの旗と日章旗、五輪マークが見える（写真提供：川本章夫氏）

第三章◉ベルリンの奇跡

ヨーロッパの洗礼

ドイツ陸軍が建設したオリンピック選手村は、ベルリンの中心から西へ約一五キロ、ハンブルグ街道に面したデューベリッツという所にあった。

全選手が整列して行われた入村式のあと選手たちはそれぞれの宿舎に案内された。ここでも竹内悌三は旗手を務め、その堂々としたブレザー姿の写真が今も残っている。

悌三の後ろには小野卓爾マネージャー、工藤孝一コーチらが並び、ほかの競技の選手たちが続いている。写真にはドイツ陸軍の軍服を着た将校が敬礼をしているから、これが入村式での国旗掲揚の情景を写した一枚かもしれない。

ベルリン到着後、代表選手団はベルリン市庁を表敬訪問。旗を持つのは竹内悌三（写真提供：竹内宣之氏）

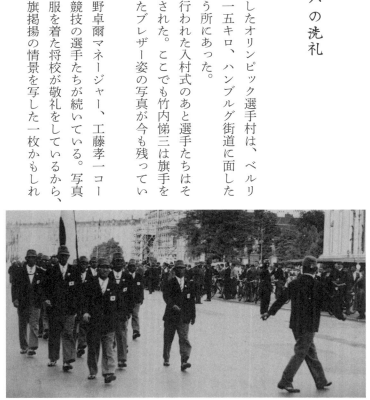

選手村正門での国旗掲揚の場面か。旗手は竹内悌三。後列には小野マネージャー、工藤コーチの姿もある（写真提供：石井幹子氏）

広々とした選手村は、白樺と松の木立の中に木造平屋の白塗りの宿舎群が建ち並び、手入れの行き届いた緑の芝生には木立が涼しい影を作っていた。リスの姿が見え隠れする木立の向こうの池には、白鳥が静かに浮いている——。

選手たちは胸いっぱいに清涼な空気を吸った。ここは長い旅の疲れを癒す最高の環境であった。約一七万坪の敷地には屋内運動場や水泳場、四〇〇メートルトラックもあり、行き届いた設備の中でも何より嬉しかったのは、日本式の風呂までもがあったことだ。

村は「女人禁制」で、女子選手は別の選手村だ。食事のボーイに至るまで皆ドイツの軍人で、その動作の機敏さに皆驚いた。そしてヒトラー・ユーゲント（ヒトラー少年少女団）の中から選抜された可愛らしく賢そうな少年少女たちが甲斐甲斐しく選手たちの世話をしてくれたという。彼らは、九年後のベルリン陥落の直前、ブランデンブルグ門の近くにあったヒトラーの地

ハンブルグ街道に面したオリンピック村の正門。女子選手の宿舎は別の場所にあった

新しくできたばかりの140棟の宿舎群は木造白塗りで、自然を生かした緑の芝と白樺の木立の中にあった（写真提供：日本サッカーミュージアム）

下大本営で最後まで激しく抵抗を続け、全滅する運命にある。この選手村にしても、もとは高射砲陣地で、オリンピック後はドイツ陸軍の療養所となることが決まっていた。

ヒトラー政権はこの大会をナチズムの宣伝の機会として一〇〇パーセント利用した。

堀江忠男は、その著書の中で、村の一隅に四年前のロサンゼルスオリンピックの選手村で使われた宿舎がわざわざ建ててあるのを見て、「ベルリンのものよりみすぼらしかった」と語り、そこにナチスのあからさまな宣伝くささを感じたと言っている。

また、この美しい環境の中で、日本代表はより強い日本への憎悪を再び身

選手村でのスナップ。ヒトラーユーゲントたちはヒトラーとともに地下大本営で全滅する運命にあった（写真提供：日本サッカーミュージアム）
左から　佐野理平　松永行　竹内悌三

を持って知ることになる。それは二年前のマニラで開かれた極東選手権で出会った中華民国の選手団と選手村ですれちがった時のことだ。

堀江は著書にこう書いている。

「——お互いに遠い東アジアからきているわれわれの隣人、なつかしさを感じた私の視線をある者は反発するようにはね返し、他の何人かは意図的に横を向いた。

私は二年前のマニラ極東選手権大会での中国選手たちの憎しみにみちた目つきを思い出した。そのとき顔なじみが見つかった。マニラでオランダ領東インド・チームのセンターフォワードをしていた「ペンタ君」である。彼だけは——おや、懐かしいね——という表情をちらりと見せてくれたが、みんなの手前があるのだろう。立ち止まろうとはせずにいっしょに行ってしまった。

私は遠ざかってゆく彼らのうしろ姿を見送りながら、日清戦争、満州における利権獲得を主眼とする二十一カ条の要求、満州事変、「満州国」の創建などが中国人に植えつけた日本人への憎悪のはげしさを改めて思い知らされた——」

一方で、初めて見る南米の若者たちの姿は、日本代表選手にとって新鮮に映った。日本の選手がボールを蹴ることは〝練習〟であったが、彼らは違う。練習時間以外でも上半身裸で選手村の芝生の上に集まり、ボールで遊んでいた。つまり彼らにとってサッカーは遊びでもある。輪になってヘディングやリフティングでボールを落とさぬようにして笑い声を上げている姿は、そのまま彼らのボール扱いの上手さの秘密でもあった。

右近徳太郎がペルーの選手たちと肩を組んで笑っている写真が残されている。普段からテニスボールでリフティングをしていた右近にとって、彼らの姿は自分に重なる部分があったに違いない。練習嫌いの右近だが、ひとたび試合になれば誰よりもサッカーを知っていた。そして恋多き人でもあった右近は、もしかしたら南米の選手は気質的にも合っていたのかもしれない。あくまで想像ではあるが——。

サッカー代表選手たちは入村してまず二日間、休養をした。これについて工藤コーチは、「選手のコンディションとしては上体の硬直、脚部関節の痛みひどく即時に練習開始するは負傷の恐れ多かったため、四日、五日の二日間は完全なる心身の休養をとることにした」とその理由を述べている。

休養と言われても、若者たちだ。じっとはしていられない。選手たちは食後に広場に連れ立ってチームに分かれてサッカーのゲームをしたり、輪になってヘディングのリフティングなどをして過ごした。

「四人と四人に分かれて試合。五、六分かけまわったらふらふらになってしまった」

そう加茂正五は日記に書いている。長い陸路の旅は予想以上に選手たちの身体を固くしており、疲れは簡単に抜けそうにない。五〇を目標に八人で輪になってヘディングでリフティングをしたが、最高でも二八しか続かなかったという。

「三人ばかりドイツ人が中に入り球を蹴る。なかなかうまい。実際蹴球は普及している」

加茂弟はそうも書いている。
工藤、竹腰重丸両コーチは慎重にコンディションを上げてゆく計画を立てた。オリンピック村で二日間の休養をとった日本代表チームは、八月の本大会までの二五日間をおおよそ五日単位で第一期から第五期に分け、徐々にコンディションをあげてゆくことになった。日々の予定は以下の通りだ。

午前七時起床
同・七時二十分国旗掲揚式
同・七時二十五分より七時四十五分朝の体操
同・八時朝食以降自由時間、但し村外への外出を禁ず
午後一時昼食
同・二時から三時まで会合
同・三時練習の支度
同・三時半練習出発
同・四時十分から六時十五分まで練習於・キューラーヴェーグプラーツ
同・七時半夕食
同・九時半就寝

（工藤孝一・大会前の練習より）

七月六日、代表チームはバスに乗って初めて練習場へ向かった。

木立を抜けると、緑の芝のグラウンドが二面、土のグラウンドが三面という日本にはない立派な練習場が目の前に現れる。それを見て、バスの中で選手たちの口から驚きの声があがった。グラウンドの隣には陸上競技場とプールも見える。当時の日本ではとても考えられない恵まれた環境だった。

バスから降りて芝を触ってみれば、質も日本のそれとは別物である。チームに随行していた田辺五兵衛が、グラウンドキーパーにどうしたらこんなに立派な芝になるのかと聞いた。すると、水を撒くことくらいで手入れは簡単です、という返事が返ってきた。

「それを毎年繰り返すだけです」

彼は事もなげにそう言ったという。日本とは歴史がまるで違う。この当時、ベルリンにはすでに多くのスポーツクラブがあり、サッカーだけでなくテニス、陸上競技にハンドボールと、馬術は別として、どれも安い料金で市民の誰もがスポーツを楽しめる文化があった。

「集合！」

悌三が声をかけると選手たちは集まり、輪になって準備体操をはじめた。

久々にボールを蹴ってみればシュートは大きくクロスバーを越えてゴール裏にある「脱衣小屋」

に何度も当たり、門灯を割りそうだったという。ゴールの裏には二尺五寸（約七六センチ）の網が張ってあるだけで何もない。

「ドイツの蹴球は球を上げないようだ」

そう加茂弟は日記に書いている。そして、

「きっと見ていた人は、日本のやつはまずいなと思っただろう」と恥じてもいるから、久々のシュート練習は散々なものだった。ワイシャツの腕まくりをしている小野マネージャーの姿が写真で残っているから、大きく飛んだボールを走りまわって拾ったに違いない。

選手がボールを蹴りはじめて気がつくと、いつの間にかドイツ人の見物人が集まって、木の柵にもたれてもの珍しそうに練習を眺めている。グラウンドに集まったドイツの見物人たちは、誰もがボールを蹴る東洋人の若者たちを見るのは初めてだったし、選手にしてみてもヨーロッパの人との出会いは新鮮だった。

この時の様子を、代表選手の堀江が現地から克明にレポートして『蹴球』に送っている。

「練習を始めると、近所の子どもや、隣の運動場で走っていたパンツ一つの青年、中年の娘さん（※原文のまま）などが集まってきて熱心に見ています。中には草原に脱ぎ捨ててある僕たちの靴を拾い上げて、『この靴は浅すぎて危険じゃないか？　もう少し革が硬い方がサイドキックをする時、ボールがよく飛びはしないか？』と聞く五十くらいのニッカーのおやじさんもいるし、ＬＷ（※レフトウイング）をやっている加茂弟君がゴールへ鋭いショットを二回続けて放つと、『あのＬＷは

キューラーヴェーグ運動場での練習。中央は加茂正五をマークする鈴木保男、奥は堀江忠男と川本泰三（写真提供：加茂健彦氏）

練習後バスの前で記念写真　上　左から松永行、立原元夫　竹内悌三　西邑昌一
中　左から金容植　鈴木保男　右近徳太郎　不破整
下　左から竹腰コーチ　高橋豊二　川本泰三　鈴木監督　佐野理平　堀江忠男　笹野積次　小野マネージャー（写真提供：日本サッカーミュージアム）

良いプレーヤーだ。早く確実にシュートをする』と、感嘆する男がいる。また『君たちのパンツは馬鹿に長くてうるさそうに見えるね。少し短くした方が良いだろう』と忠告してくれる青年がいます。

ボールが柵を越えて飛んでゆくと、運動シャツとパンツ一枚になった娘さんや子どもたちが競争で拾いに行ってくれます。そして彼らが球を拾って蹴り返してくれる時の腰つきは、誰でも多かれ少なかれ球を蹴った経験があるように見えます。

また、練習の合間に僕たちが休憩すると、早速五、六人の大人や子どもがばらばらと飛び出して、一人はゴールを守り、残りは一斉に散ってお互いに運動靴や中には勇ましいのは裸足で、パスし合ってはシュートする。運動場の管理人に『入っては駄目だ』と怒鳴られるとゴールラインの外へ退却するが、また、いつの間にか始める。実際ベルリンの民衆が蹴球を愛することは、日本の野球と同様、あるいはそれ以上です――」

このドイツの見物人のことを別の選手も、帰国後にこう語っている。

「日本で言うと、大学等の野球の練習場へ野球狂のオッサンが見に来るように、蹴球狂のオッサンが見に来て居りましたが『あの人のシュートはスピードがあってよくのびる』とか『あの人のヘッディングはジャンプが強くてその頂上でしている』とか『この靴は柔らかだからタックルされた場合に怪我をする。もっと先が硬い方が良い』とかなかなか素人ではない批評をしてました位ですから、蹴球がいかに一般化されているかお察しくださることが出来ると思います」

代表チームで「柔らかい靴」を履いているのは川本泰三と悌三の二人しかいない。二人は共に繊細なボールタッチを好むタイプのプレーヤーだった。見物人にそう言われて二人は何と言葉を返したのであろう。シベリアで見たゴールポストのように、ここでもまたサッカーは一般市民の間に普通に浸透していたのだった。それは日本にはない文化だった。

ドイツの新聞記者がグラウンドにやってきたのは、七月八日のことだ。

「君たちのチームはストップ（※トラップ）が下手だ。イングランドは非常に上手い」

彼は選手を前にそう言った。

「日本が蹴球をやっていたということ、またこのオリンピックにおいてどの位戦うかということは非常に注目されている」

練習場で地元の子供たちと記念撮影（写真提供：日本サッカーミュージアム）
後列左から　鈴木監督　竹内悌三　西邑昌一　不破整　竹腰コーチ　笹野積次　前列左から　川本泰三　佐野理平

そう言って写真を撮った。

この練習場で選手たちを撮った夏の日のスナップ写真には、子どもや見物人も屈託のない笑顔で写っている。古き良き時代を感じさせる写真は、誰の表情も明るく幸せそうで、忍び寄る戦争の影などはどこにもない。後で思えば、日本の代表選手たちもドイツの人たちにとっても、束の間の幸福な日々であった。

ドイツの人と日本人の交流のエピソードとして、オリンピック後にアサヒ・スポーツに紹介された微笑ましい話が残っている。

初練習の前日、工藤コーチと小野マネージャーは二人で練習場の下見に来た。その帰りにバス停でバスを待つ間に急にトイレに行きたくなった小野マネージャーは、ちょうど通りかかった警官二人に身振り手振りで窮状を訴え、交番のトイレを貸してもらうことに成功する。ところがこの時バスが来てしまい、工藤コーチは両手を広げてバスを停め、警官もバスの運転手に待つように命じ、乗客全員が小野マネージャーのトイレを待つことになった。三〇分に一本しかないバスで、夕闇も迫っている。

「この時工藤君は、妙に家に残してきた愛妻のことなどを想ひ出したさうで兎に角憂鬱」

工藤コーチの心細い気持ちを、記者は面白おかしくそう書いている。

バスに乗り合わせたおしゃべり好きな婦人が「まあ左様ですか。初めての土地へおいでになったらさぞ御不自由でございましょう。次のバスといえば三〇分もお待ちにならなきゃいけないし、そんなに長くかかるわけのものじゃありませんから、皆さんお待ちしましょうよ」

とペラペラ話し続け、それにもまた工藤コーチは閉口したという。ようやく走って戻ってきた小野マネージャーは乗客たちに笑顔を振りまき、ダンケを連発したが、二人とも穴があったら入りたい気分であったようだ。アサヒ・スポーツの記事は、

「バスはこの微笑ましい？　日独親善風景を乗せ定刻より遅れてオリンピック村へ」と結んでいる。


第一期、第二期とも、「脚関節が著しく緩んでいたため」ジョギングを念入りに行い、コーチ陣は徐々に選手たちのコンディションを上げてゆくことにした。だが、出発前に負傷した西邑昌一や高橋豊二は相変わらず不安を残し、フルバックの堀江が捻挫するというアクシデントに見舞われる。

「練習、今日より本格的になる。全体のパスワーク等の練習の為、攻防をやる。球が足につかず、ドリブルの際、球が後ろに残ってしまったり、草のためすべるなど、練習しがいなく癪にさわった」

加茂弟が日記にそう書いているのは七月十日のことだ。翌十一日には「練習は昨日より少し強くやる。今日はわりと当たる。一点左のキックで気持良いシュートをした。それがゴールの右スミに入ったのは気分が良かった。だんだんキックが定まってきた。グラウンドに慣れてきた。十

四日の試合には大いに頑張るつもりだ」と、ある。

十三日に行われた練習記録によると、「一八分三回によるハーフマッチには未だ全員の動きに鈍さがあって円滑なパスワークが見られず、旅行中のオーバーウェイト平均二キロの数字がこの主なる原因と考えられた」と書かれている。だが、

「右近、竹内、立原、川本、鈴木、加茂弟、快調につく。ゴールキーパー佐野は、キャッチ、カッティングに正確さを増し、フットワークの軽快さに依るポジション移動も迅速になる」

とあり、チームは徐々に調子を上げてきたようにも見える。

ドリブル、ヘッディングにも長足の進歩が見られた、と記録された翌日の七月十四日、代表チームはベルリン市内のクラブチームと練習試合をする。いよいよヨーロッパのチームとこの地で初めて同じピッチに立つのだ。この試合で日本代表はヨーロッパの洗礼を受けることになる——。それは、これまでの日本サッカーの常識を覆すものであり、同時に新しい歴史を作り始めるきっかけの一戦となった。

キックオフは午後六時、場所はベルリンの東北にあるクラブのグラウンドだ。

相手クラブチームの名前はヴァッカーといい、まずは試合勘を取り戻すための軽い練習試合の相手として選ばれた、それほど強くはないチームだったという。

ちなみにこの時代、ドイツにはまだサッカー専業のプロは存在しない。誰もが職業を持ち、クラブに所属してサッカーをしていた。

選手を乗せたバスが試合のグラウンドに近づくと雨が降り出した。

まさかこんな天候で見物人もいないだろうと誰もが思っていたが、自転車に乗った大勢の労働者風の男たちが道の両側を走っている。グラウンドに着いてみれば、代表チームの面々は窓の外に驚くべき光景を目にした。雨が降ったり止んだりの空模様にもかかわらず、すでに五〇〇〇人近い観客がグラウンドに集まっていたのだ。

ベルリン東北部のライニケンドルフは労働者階級が多く、選手も労働者だ。この地域はサッカー熱が盛んで今日は見物人が多いだろう、とは聞いていたが、誰もがまさかここまでとは思わなかった。地元のクラブチームとはるばる極東からやってきたオリンピック代表チームとの試合を見るために、観客席もないグラウンドに集まった立ち見客はタッチラインやゴールラインぎりぎりまであふれ、日本代表を待ちかねていた。バスから降りてみれば、子供たちがわっと回りを囲み、選手たちにサインをねだったという。

日本代表チームは着替えが終わって軽く体操が済んだところですぐにセンターラインに並ばされ、花束贈呈やペナントの交換、記念写真の撮影などで時間をとられ、ボールに触ることもなくそのままキックオフとなってしまう。

グラウンドの横はすぐ近くまで一メートル間隔で丸太の柵があり、そのため俊足が売りの加茂弟は勢いをつけて走り抜けられなかった。最初のトラップを失敗した加茂弟は落ち着きを失い、立て続けにゴールをはずしてしまう。

練習で捻挫をしてベンチから観戦をしていた堀江は、試合が始まると「このチームは大したことはない。落ち着いてやれば苦労もなく勝てる」と思った、と後に語っている。

初めて戦うドイツ人のチームにスピードはなく、パスワーク主体の攻撃はゴール前でもなかなかシュートをせず、キーパーの佐野理平を戸惑わせた。

堀江が後日現地で入手した当時のドイツ・メディアの一つ『蹴球週報』でも、記者は「初めは日本がリードしていてヴァッカーは手も足も出なかった」と書いている。そして、日本はインサイドキックで低いショートパスをつなぐばかりで、個人でドリブルすることはなかった、とも。

小柄な東洋の若者たちは、素早くショートパスをつなぎながら攻め上がり、チャンスを作り続けたが、前半一〇分、相手のカウンター攻撃にやられてしまう。

フルバックは悌三と長身の種田孝一の二人で、この時も特別守備が破たんしたわけではない。だが、敵の右からのセンタリングに走り込んだフォワードがボレーでシュートすると、それがあっさりと決まってしまう。この開始早々の失点を「インターセプトに飛び出す間もなくシュートされてしまった」と堀江は回想する。

コーチの工藤はこう書いている。

「この日のわが軍はまず第一に、グラウンドに乗り込んだ際のすばらしい群衆に圧倒され、いざゲームが始まればタッチラインぎわまで人垣をなすファンの群れに、すっかりのぼせ上がってしまった。そして期待をかけていた加茂弟、川本、松永、高橋、種田等はまるで別人のごとき凡失

試合開始前、握手をする竹内悌三主将。相手はクラブチームの代表か（写真提供：石井幹子氏）

ヴァッカーの選手と競り合う竹内悌三。右は種田孝一（写真提供：石井幹子氏）

激しい競り合いの中、ボールをフィスティングするキーパー佐野理平。キーパーとしてこの試合が一つの転機となる（写真提供：日本サッカーミュージアム）

を繰り返す。而してチーム全体としても身体の動きことのほか鈍く、開始間もなき不調の折に三ゴールを許した――」

サッカーでは試合開始後の一〇分と最後の一〇分は最も失点しやすい魔の時間だ。そしてここまで完全にアウェーの状況は日本チームにとって全く初めての経験だった。チームにエンジンはかからず、右近が相手と衝突して脳震盪を起こすという不運にも見舞われた。

さらに加茂兄や川本のプレーに対して観客が驚きと怒りの声を上げる。それを現地紙はこう書いている。

「やがて日本チームがゴールキーパーを全く規制の外に置いて考えていることが分かった。とんでもない勢いで彼らはゴールキーパに襲い掛かったので、観衆はざわめいた。こんなことは実際、ルールがなかった時代の大年寄しか知らないことである。然し、レフェリーがそういうことは許されないと注意してからは、試合の済むまでは二度とこんなことはなかった」

つまり日本では当たり前の、ゴールキーパーに体当たりをしてチャージすることが、ヨーロッパでは厳格に罰せられるということを初めて知ったのだ。

だが、フォワードにとって戸惑うルールの存在は、ゴールキーパーの佐野にとっては予想外の朗報だった。なにしろチャージに弱いと言われていたのが、ひとたびボールをキャッチすると、大きな体の相手がきびすを返して自軍に引き上げてゆくのだ。

「私は高い浮いたボールが殊に苦手なので――」

オリンピックの後に『遠征より帰りて』という派遣軍選手一同によるレポートの中で佐野はこう書いている。

「私なんかフィスティング（※こぶしでボールを弾き出すこと）するなと思うような場合でも彼らは悠々と摑んでいました。これは手の大きいこと、背の高いことなどもあるでしょうが、レフェリーがチャージを厳格にとるので何の心配もなく安心してキャッチできるということが、習慣的に頭に入っているのであんなに大胆にできるのだと思いました」

相手の体格に恐れをなしていたが、佐野はもともと天才的なゴールキーパーだ。このルールを知ったことによって後半を無失点に抑えることになる。

鈴木監督はのちにこの試合のことをこう語っている。

「キーパーが少しでも難しいシュートを受け止めれば、観衆は拍手してその技の上手さとゴールを救った殊勲を称賛感激しているのである――」

こんなことを一つとってもサッカーの歴史の深さは日本にはないものだった。

前半の終わりに加茂健のシュートが決まり、三対一で迎えたハーフタイムのことだ。

ピッチから戻ってきた川本は、

「バックがいつも一人余っていて俺にくっついてくる」

汗を拭いながらそう言った。日本の大学サッカーでも川本を相手にする場合、二人のフルバックでは間に合わず、センターハーフが一人、バックの位置まで下がって川本をマンマークすることはあった。だが、この地で川本が知られているわけではない。

初めからバックが二人ではなく一人多い三人なのだ。しかも左右のウイングも相手バックにマークをされて動きが取れず、そのためにパスが出せず、選手の出足も悪かった。相手の守備の陣形は未体験のものだったのだ。

唯一の得点は怪我をした松永行に代わって入った加茂兄のドリブルからのシュートだけだったが、それについて工藤は「ドリブルからキーパーのブラインドをついて放ったシュートによるもので、定石的得点とは云えないものだった」と書いているから、攻撃の形が全く作れないまま終わったということになる。

その理由をベンチの竹腰も、ピッチでプレーしている悌三もずっと考えていたはずだ。

相手のセンターハーフは下がり目に位置して、ほとんどバックであり、そのために両サイドにバックは開いた位置にいる。攻撃は両サイドのハーフに任せることで、いくら日本代表が数にまかせて攻め込んでも、味方のフォワードの両サイドとセンターフォワードは「恐ろしく窮屈にされ、攻撃を途中で断ち切られた」と堀江も書いている。

「どうやら、日本のピラミッド型とは根本的にフォーメーションが違うらしい」ということに気づいたのは三対一で負けたあとだった。唯一光ったのは、右近の活躍だけだったという。

堀江は、この敗北を「未だシベリアを横切った長い汽車旅行のために、すっかり狂ってしまった調子を十分回復していないから」だとしつつも、「此処のやり方に不慣れなため損をして」とも振り返っている。「此処のやり方」と日本のやり方には重大な違いがあった。

『蹴球週報』はこの練習試合を総括して、

「初めから終わりまでショートパスばかりでウイングへの大きな展開もなく、変化の少ない単調な攻撃は敵にとって充分に見破れるものだった」と書いている。対する相手は背の低い日本人の頭ごしの浮き球のパスを多用して翻弄したという。

また、工藤コーチは、

「ヴァッカー軍はベルリンでも二流チームとのことだったし、感心する程のプレーヤーも見当らなかったが、メンバー全てがフットボールの常識にたけて居り、所謂ボーンヘッドプレー（※考えのないプレーの意か）のないこと、今一つはトライアングルパスが正確にできることが彼らの武器、強味というべきであった」

と、まとめている。

初めてヨーロッパの相手と対戦して、自信をつけるどころか、何もいいところがないまま日本代表は破れてしまった。しかも相手はオリンピックに出場する国の代表チームではない。いわば凡庸な地元チームなのだ。堀江は帰りのバスの中の様子をこう書いている。

「初めての試合に、オリンピックに出場するチームのどの一つとて到底対等になど戦えるはずのないヴァッカーに負けたことは、精神的に相当な痛手でした。すっかり暮れてしまった夜のベルリンを、バスに詰め込まれてオリンピック村に帰る途中、不安と混乱とが皆を灰色に押し込んでしまうのをどうすることもできませんでした――」

不安と混乱――。ただ負けたこと以上の動揺があった。それは力の差以前の問題で、今まで自分たちがやってきたことの根本にかかわることだった。

オリンピックで戦う相手は今日とはくらべものにならない強豪国だ。翌日午後のミーティングで選手たちが伝えられたのは、まず、守備の陣形を変えるということだった。

「守備をツーバックからスリーバックに変える」

監督の言葉を竹腰コーチたちが黒板に書いて説明する。それを選手たちは真剣に聞いた。

本番まであと二〇日――。守備の形を変えるということは単純なことではない。それは昨日見たばかりの全く未知のフォーメーションに全てを作り直すということを意味していた。

再出発

前述した通り、ベルリンオリンピック当時、日本のサッカーのフォーメーションは二人のフルバックの前に三人のハーフ、その前に五人のフォワードというピラミッド型の前がかりの布陣しかなかった。現在のようにいくつもフォーメーションが存在する時代のことではないから、これを変えるということは、細かい約束事を全員が理解した上で連動して動かないことには守備も攻撃も破綻してしまう

日本のフルバックが二人のままだったのは、「オフサイド」のルールに大きく関係している。サッカーは手を使わずにボールをゴールに入れればいいというだけのシンプルなスポーツで、他に難しいきまりはそれほどない。ただ、サッカーに詳しくない人から見て、唯一難しいと感じるルールが「オフサイド」だ。

このルールは何のために存在していて、これがないとどうなるのか。極論すれば、オフサイドがないと、攻撃の選手はいつでも相手ゴール前で味方からのボールを待っていることができる。つまり、このルールは「待ち伏せ」を防ぐためのルールとも言える。

サッカーの試合は、グラウンドには主審の他に、それぞれの陣地に一人ずつ、二人の線審がいる。旗を持ってタッチラインの近くを走っているあの審判たちだ。この線審は、どちらのチームがボールをラインの外に出したのか、あるいはファウルの有無などをチェックしているのだが、そのほかに大事な役目がある。

サッカー中継を見ているとわかるが、線審はキーパーの前にいる最終バックの位置に合わせてタッチラインに沿って走り、上下している。つまり、守備側の最後の一人と線審を結んだ見えない線がオフサイドラインで、大雑把に言えば、この線よりもゴール寄りで味方からパスを受けた攻撃の選手は、その瞬間にオフサイドという反則を犯したことになる。

サッカーのルールができた当時は、キーパーを入れて三人目の選手の左右に伸びたラインがオフサイドラインだった。ベルリン当時の日本サッカーではバックが二人でも、抜かれないようにオフサイドラインを保って守備をすれば、味方が守備に戻るまで時間をかけることができたのだ。

ところがこのルールを逆手にとって、ある時イングランドの二部リーグのチームのフルバックが新しい守備法を編み出す。それは敵の攻撃者にパスが出る瞬間に走ってラインを上げ、わざと相手をオフサイドの位置に取り残されるようにしたのだ。つまり、オフサイドトラップの誕生だ。

これによって得点が減る事態になり、大正十四年（一九二五）にＦＩＦＡがルールを改正した。キーパーを含めて二人目がオフサイドラインという、守備が一人少ない現在のルールにこの時変わった。

日本は当時ようやくサッカーが形になってきた黎明期にあり、今のように世界の情報がリアルタイムで伝わる状況ではない。オフサイドルールが変わったのに、ピラミッド型のフォーメーションはそのままであった。ところが二人のバックで五人のフォワードはとても相手にできない。このため、大量失点、大量得点の時代が続くことになる。

この頃、イングランド一部リーグのアーセナルがオフサイドルールの変更にともなってWMというフォーメーションシステムを開発していたことを知ったのは大分あとのことで、もちろん誰も見たことはなかった。

WMシステムとは、Wの上の三点が攻撃陣で、右からライトウイング、センターフォワード、レフトウイングとなり、Wの下の二点がライトインナー、レフトインナーと呼ばれるやや下がり目のポジションをとる。今で言う攻撃的ミッドフィルダーだ。そして、Mの上の二点をそれぞれライトハーフ、レフトハーフと呼び、これはさしずめ現代のボランチ、守備的ミッドフィルダーを指す。そして下の三点が守備陣で、右からライトバック、センターバック、レフトバックとなる。つまり、今で言う3—4—3のフォーメーションの、中盤がボックス型のシステムが近いかもしれない。これはエブリマンマーク、一人が一人をマークする守備の形だった。

ヴァッカーのフォーメーションは当時の最先端のシステムだったのだ。だから初戦が完敗だったとはいえ、身をもってそれを体験できたのは日本代表にとってむしろ幸いだったとも言える。

堀江は著書でこう書いている。

「――一九三四年（昭和九）の関東リーグで、早慶優勝決定戦の再試合が七対七の引き分けとなったとのべたが、こんな大量得点が生まれたのは、フォワードがバックより技術的にすぐれ、強かったというわけではなく、2B制守備の欠陥によるものだった。（中略）われわれはヴァッカーの布陣を見て、この数年間、日本サッカーが悩み抜いてきた守備陣形の欠陥を克服するのはこれだ！と直感した――」

だが、これが日本選手にとって全く初めてのシステムだったかというと、そうではない。日本では、オフサイドルールが変更になってからもずっと二人のバックで守備をしていたが、場合によっては川本のような優秀なセンターフォワードをマークするためにセンターハーフがバックの位置に下がることもあり、試合の流れによっては、スリーバックシステムに近い守備法を身体では知っていた。

実はオリンピックの二年前、すでにスリーバックシステムを考えて研究を重ね、論文を発表した一人の男が日本にもいた。

ベルリンオリンピックの四〇年後の昭和五十一年（一九七六）、竹腰と川本、そして慶応ソッカー部の監督だった松丸貞一の三人が、「昔を語り、今を批判する」という座談会を開いている。その中で竹腰がスリーバックに触れ「慶応の誰だったか、スリーバックの初歩のようなことを書いた人がいましたね」と言うと、松丸が「それは長坂謙三だ」と即答するくだりがある。

その会話からも、ベルリン当時の竹腰をはじめ、サッカー関係者がこの守備システムを理論としてはすでに知っていた可能性があることがわかる。

堀江もオリンピック後のレポートの中で、スリーバックシステムは今後研究すべき最大の問題だ、とした上でこう書いている。

「之に就いては書面を通じてのみそれに対する賛否両論を読んでいた。本物を見たことのなかった我々は、オリンピックに参加してみてこのシステムが既に現在の支配的傾向であることを知った」

その賛否両論のもとになった論文を書いた男、〝長坂謙三〟は府立五中時代、悌三と同じ蹴球部に所属していた人物だ。「竹内悌三君の代りに初代キャプテンになった」と十年史に書いていた彼だ。五中卒業後、悌三は最終的に帝大に進み、長坂は慶大に進学して慶応ソッカー部に入る。

彼は悌三同様、極東選手権の候補にもなった優れたサッカー選手であったが、慶大を卒業後に医師となってから不幸にも結核に感染してしまう。

ベルリンオリンピックの頃には茨城県の海に近い国立療養所晴嵐荘病院（現・国立病院機構茨城東病院）に入院しており、太平洋戦争の始まる昭和十六年（一九四一）に病没した人だ。東京都サッカー協会常務理事や日本サッカー協会審判委員会委員を務められた長坂幸夫氏は長坂の甥にあたる。

長坂は療養中も機関誌『蹴球』に「病床の蹴球」という論文を寄せており、この中でサッカー選手としての効率的な走り方や身体の作り方を医師目線から提言している。発病してからも彼のサッカーに対する情熱が冷めることはなかったのだ。

スリーバックシステムへの論文は彼がまだ現役だった頃の昭和七年（一九三二）から翌年にかけて研究し、その年の府立五中蹴球部ＯＢ会報創刊号に掲載したもので、チームメートであった悌三がオリンピックの数年前にこの論文を読んでいたのは間違いない。その論文は日本サッカー協会編修の『日本サッカーの歩み』に見ることができる。

スリーバックシステムを細かく論じ、追記として実際に試合で試したレポートも書いている。長い論文の中で現在のツーバックによる問題点を列記し、対策として自身が考え出した守備法をこう述べている。

「――私の推奨する方法は、従来の方法（注・センターハーフを下げセンターフォワードをマークさせる）をもっと徹底的に実行し、かつ合理的に改良した方法と申せましょう。

すなわち、サイドハーフは防御に際しては、敵のインナー一人を完全にマークし、攻撃に際しては、すぐに従来のセンターハーフのごとく飛び出してフォローに努める。フルバックはぴったりとウイングにつく。その時、反対のフルバックは中へ寄るのは今までと同じだが、幾分浅めにやります。大きい違いはセンターハーフがもっぱらセンターフォワードをマークすることに心掛け、攻撃に際してもその人を注意しつつ、こぼれてくるボールはとられることなく味方のフォワードに与えることができるくらいに、わずかに前進するのです。

防御になれば速やかに戻って、センターフォワードの防御に専念します。すなわち、このシステムは一一人を5・2・3・1（注・キーパーの前に三人の守備陣、その前に二人のハーフ、五人の攻撃陣）に分け、その各人の職務は決まっており、かつ、攻撃にも防御にも合理的で厚みのある隊形を敷くとことができる。私はセンターハーフを改め、フルバックセンターと命名しました――」

長坂はベルリンオリンピックの三年前、慶応ソッカー部の選手として昭和八年（一九三三）一月に、早大と共に関西へ遠征した時に実際にこのシステムを試した。早大を七対一で破った関学を、慶大はスリーバックシステムで破っている。結果は五対四。しかもこの試合には右近が出ていないのにもかかわらずだ。この新システムを使うことに関して長坂は、

「少しの非難はあったものの、思い切って使ってみた」

とも言っている。

その年の早慶戦決勝戦には、右近も川本も出ていた。この試合でも長坂は慶応に自分のシステムを試させた結果、五対二で勝っている。つまり、右近もこのスリーバックシステムを体験していたし、川本もこの試合で三人目のバックのマンマークにあっていたのだ。

「スリーバックシステムの本物を見たことがなかった」と言っていた堀江は、実はこの時、長坂が採用した最新式のシステムに破れたことに気づかなかった、ということになる。

この後、慶大を卒業して医師になっても、長坂は慶応医学部ＯＢチームや慶応病院チームでこのシステムを試し、六試合の練習試合で一つ引き分けたほかは全て勝ち、第三回実業団大会には初参加で優勝をしている。

この結果を見ると、長坂は当時最先端のシステムの理論を研究して実践していた男だということになる。それが病に倒れ、遠い結核療養所に入った無念はどれほどのものであったろうか。そして、病床で聞いた日本のスウェーデン戦の勝利が、スリーバックでもたらされたと知った時の喜びはどれほど大きかったことか——。

彼が書いた「病床の蹴球」の序文にはこうある。

「——病人の寝言なんて面白くもない、といふならばそれ迄である。だが、私の頭の中には蹴球場があって、そこでは各大学のティーム、それから支那、比島、欧米の選手までが練習したり或は試合をしているのである。時には非常に熱心な選手がいて、同僚は皆んな帰ってしまったのに、一人だけ真っ暗になるまで練習している——」

この頃の結核療養施設は〝外気小屋〟と呼ばれる木造の病棟で、真冬でも窓を開け放ち外気を入れる〝小屋〟だった。彼はここで再びボールを蹴ることなく孤独の中で死んだ。だが、彼が追求したスリーバックシステムの理論は、実際試合で試した右近や、試された川本、そして同窓生の悌三の中にも刷り込まれていたと信じたい。

「ベルリンの奇跡」を取り上げるテレビ番組は、放送時間の関係もあるだろうが、いずれもベルリンに行って初めて出会ったスリーバックシステムを短期間で日本代表が会得したと簡単に片付ける。だが、ツーバックシステムの限界は選手たちが感じていたことであり、こうした下地があった上で習得した、というのが正しい。

ヴァッカーに完敗した八日後の七月二十二日、日本代表はこの新システムでミネルヴァという名のクラブチームに挑むことになる。それはベルリンのリーグで二位になった、ヴァッカーより格上のチームであった――。

ベルリンオリンピックの日本代表緒戦の相手スウェーデンは、大会前から優勝候補の呼び声も高く、一年前にストックホルムで行われたドイツとの国際試合で三対一で勝っている正真正銘の強豪国だった。

そんなチームとの対戦を前に、調整目的で臨んだ「二流チーム」ヴァッカーに大敗した日本代表の動揺は大きかった。だが、それに対しての監督とコーチ陣の対応は素早い。

「対ヴァッカー戦に鑑みてメンバーの変更及びスリーバック守備法を取ることと決定した」と、工藤コーチが練習記録で書いているのは、試合の翌々日の十六日のことだ。スウェーデンとの緒戦までに残された時間は二週間あまりしかない。監督やコーチの考えた方向性をピッチで表現するのは選手たちだ。全員の意思統一を図るにはそれを受け入れる柔軟な頭脳と技術がなければ成り立たない。このタイミングで初めて体感した新システムをすぐに取り入れ、チームを作り変える決定をしたことは、選手もコーチも「考えるサッカー」に慣れていたからに他ならない。

「インテリのスポーツだった」サッカーを追求してきた悌三や堀江の、精神論ではない理詰めのサッカーが、この窮地を救うためにここで一役買ったのは間違いない。

選手村で談笑する選手たち。左から笹野積次、松永行、高橋豊二、立原元夫、加茂健、一人おいて鈴木監督（写真提供：加茂健彦氏）

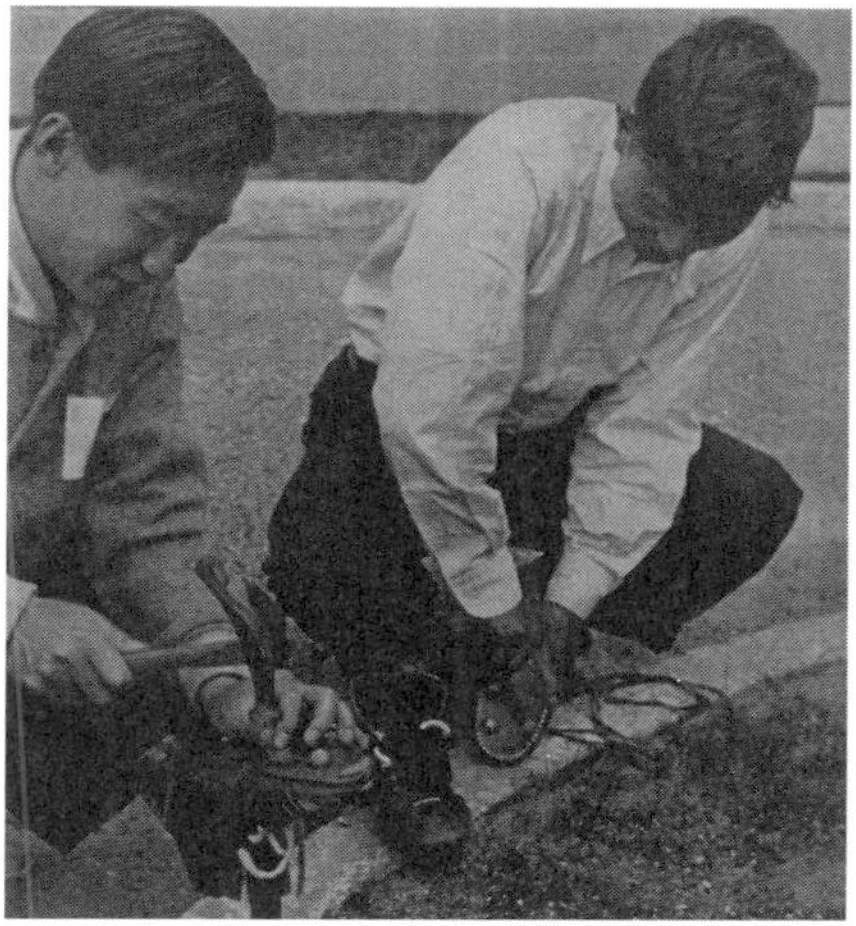

サッカーシューズの裏にボッチを打つ右近徳太郎と加茂健。今とは違って金槌で打ちこむ（写真提供：加茂健彦氏）

選手村での川本泰三とドイツ陸軍将校（写真提供：川本章夫氏）

〝日本代表敗戦〟のニュースは練習場の見物人たちにも伝わっていたかもしれない。柵にもたれて見物しながら、細かなポジションの修正、役割分担、攻撃や守備の連動などの約束事を何度もプレーを止めて確認し合う日本人の姿は、彼らの目にどう映ったのだろうか。

記録に残っている十六日の新編成は以下の通りだ。

悌三と堀江の二人のフルバックの間に長身のセンターバック種田を入れてスリーバックとし、その前の守備的ハーフに金容植と立原元夫を配置、三人だったハーフのうち右近を攻撃的な右インナーに上げ、左インナーに川本、前線の攻撃陣は右ウイングに俊足の松永、センターフォワードを加茂兄、そして左ウイングに加茂弟――。

工藤コーチの練習記録にはこうある。

「守備法の変更は、欧州チームは大概センターフォワードにスタープレーヤーを置き、両ウイングに曲者を揃える傾向あると聞き、従来のツーバックではフルバックの活動量過重にして此の三人のフォワードを完全にマークすることは困難。しかもサイドハーフとのコンビ、カバーから往々にして大穴を生じ易いからスリーバックとして、エブリマンマークの徹底マーク網の完璧を期したのである」

一週間後にはヴァッカーよりも格上のチーム、ミネルヴァとの練習試合がある。チームはまずそこでこの新システムを試すために全力をあげた。

練習記録には、今まで快調だった加茂弟が足を捻挫、そして川本が調子を落とし、「右近一人の奮闘となった」とある。それに対して、新システムの中において立原、鈴木、竹内、そしてゴールキーパー佐野は「調子ついて良い当たりをみせ」とあり、ヴァッカー戦を境にバックとフォワードのコンディションには開きが生まれた。そこで練習を質的に二分し、「フォワードは軽いもの、バックスは重いものとして、主としてハーフマッチの際にこの平均化を図った」と工藤は記録している。

十八日には堀江の足の捻挫も大分よくなり、加茂兄のシュート精度も上がってきた。だが、右ウイングの松永、高橋とも出発前の負傷をぶり返し、センタリングに精度を欠くのが悩みの種だった。コンビネーションプレーの確認に多くの時間を割き、その中にフォワードからの寄せ、トラップ、バックスのカッティング、タックルなどの個人の技術練習を加えてゆく。

こうしてヴァッカーよりも格上のクラブ、ミネルヴァとの練習試合を迎えたのは、七月二十二日のことだ。場所はオリンピックでも使用するポストスタディオンの付属グラウンドで、そこはスタンドも何もないグラウンドだったというが、手入れの行き届いた立派な芝生だった。

見物人はヴァッカー戦の時とは違って少なかったが、それでもグラウンドの周囲に張り巡らされた針金の柵いっぱいに見物人がひしめき合い、そこに入れなかった男たちはゴール裏のがけの上へ登って見るなど、ここでもサッカーは日本とはくらべものにならない人気だった。

試合が始まってみると、ミネルヴァはベルリンの一流チームと言われるだけあって、ヴァッカーより遥かに強く、攻撃においてはウイング、インナー、サイドハーフのトライアングルパスも円滑で、センタリングの精度も高く、守備のスリーバックも堅かった。

試合は一方的な展開となり、開始一〇分で早くも二対〇というスコアになる。だが、その二点を失ったのは日本ではない。ドイツ人のチームの方だった。

この日の日本代表はヴァッカー戦とは見違えるほど良い動きを見せ、殊に右近、川本の両インナーはグラウンド一杯の活躍だったと記録にある。おそらく手も足も出なかった一週間前の敗戦のうっぷんを晴らすプレーぶりだったに違いない。

試合の経過を地元ベルリンの『蹴球週報』はこう伝えている。

「日本チームはこの七日間に良く練習したと見えて、我々は彼等のプレーが改善されていることがはっきり見てとることが出来た。彼等はヴァッカーとの試合の時と同様、軽いプレー振りで始めた。今度は彼等の急襲戦法が成功した」

一点目は加茂兄のシュート、二点目は川本のシュートがネットを揺らした。対するミネルヴァは「彼等（日本ティーム）の軽いチョコチョコしたプレーは肥った両フルバックには扱いかねた」というありさまで、ミスキックに次ぐミスキックがみられた、と続く。

ところが、初めて対戦する東洋人のプレーに立ち上がりで戸惑ったものの、ミネルヴァは前評判通りの強豪チームだった。

ミネルヴァのフォワードは、すぐに堀江のタックルをかわして一点を返す。

「バックのちょっとした気のゆるみであると思われたが、タックル浅くて、敵はペナルティエリ

ア の外よりシュート、左隅に入る」

加茂弟はこの日の日記にそう書いている。

続いて『蹴球週報』が〝こんなに巧いヘディングの得点は近来見たことがない〟と皮肉を込めて誉めたシュートが決まる。決めたのはその堀江だ。だが、それは敵に一点献上するシュートであった。自らのゴールにオウンゴール（自殺点）を決めたことについて堀江はのちにこう語っている。

「改めてクサるんですが、僕のショットです。レフトウイングのEngelのセンタリングを僕がゴール前で右へ逸らそうとしてヘッディングした折、外人のキックはよくアウトサイドを使うので、球が切れてきた所何故だろうと思うんですが、何しろきれいにゴールへ入ってしまいました」

普通なら弾きだせる球には妙な回転がかかっていて、それが斜め後ろに飛んだ。バックを経験したことのあるプレーヤーなら、一度は経験したことがあ

加茂健（左）と堀江忠男。二人は中学でも一緒にプレーをした（写真提供：加茂健彦氏）

加茂正五の頭にグラスを載せるポーズの立原元夫。選手村の休息の一コマ（写真提供：加茂健彦氏）

るアクシデントだ。ゴールキーパーの佐野もこれには反応できなかった。

「佐野が不意をつかれて防ぐに術がなかったのも致し方ないです。この失点が契機となって、敵が非常に調子を出してきて、しばらく我々は攻め続けられました。その結果、ライトインナーのWineckeがまた一点加えて、三対二とリードされました」

捻挫のためにヴァッカー戦ではベンチだった堀江は、この試合が初めてのヨーロッパの相手との対戦だった。初めての対戦でコンディションが不十分だったことは彼にとって不運だったかもしれない。

「バック、落ち着かず、前にやたらに球を蹴り、フォワード困る」

そう加茂弟は日記に書いた。前の試合からの失点続きにバックとしてはとにかく大きくクリアするしかなかったのかもしれない。「フォワード困る」とあるから、そのボールは味方にはつながらず、結局攻められ続けたと想像できる。

そして、悌三を抜いたフォワードの選手が放った山なりのシュートは、飛び出してきた佐野の指先をかすめ、弧を描いてゴールマウスに吸い込まれていった。こうして、先制したのもつかの間、四対二と大きく引き離されて前半を終わる。

だが、ハーフタイムに守備の修正をした日本代表は、後半を無失点で抑えることに成功した。堀江のレポートにはこうある。

「後半の始め暫く我々は相当押したのですが、前半不確実だった敵の両フルバックも調子を取戻し、敵の守りが固かったので、結局得点できませんでした。レフトウイングの加茂からかなりセンタリングが出たのですが、センターフォワードやライトインナーあたりが割にがっちりマークされていたので駄目だったようです。

やがて暫し今度は敵が優勢になりましたが、どうやら得点を許さず、潰しきることができました。そして、最後に我々に比べて練習の足らないミネルヴァのバックが一寸疲労を見せてきた頃、右近が一点を決めて、結局四対三で終わりました」

加茂弟が日記の中で「味方へばり、グランドに突っ立ったためずいぶん廻された」と振り返っているから日本チームも相当消耗して途中から完全に足が止まったことがわかる。

コーチの工藤によれば、サイドハーフの立原と鈴木が守備に追われ、「攻撃的役割」を積極的にこなすことができなかったのが追加点をあげることが出来なかった最大の理由だった。フルバックとフォワードの間にギャップを生じて縦の連絡が中断されたことは大きな誤算だった、ともある。

だが、ハーフ陣について『蹴球週報』は、工藤とはやや違った見方をしている。

「日本のハーフだが、ここでは我々には一寸注文がある。彼等は我々のシステムを知っていない。彼等は常に攻勢に出る。そして一定のフォワードをしっかりマークすることをしないで、ボールがある所へ疲れも知らず寄ってゆく」

中盤の役割の認識が、まだ日本チームの中ではっきりとはできていなかったことがこの見方の違いにそのまま表れている。現代のサッカーで言えば、ボランチがどこまで相手をマークするのか、一方が攻撃に出れば一方が守備に下がる、というような二人の連携まではこの急造のシステムの中でさすがに消化されていなかったに違いない。

工藤コーチはまた、後半になってセンターフォワードの加茂兄の「開きの判断」が悪く、キープが不十分だったために、攻撃の中心的な働きを欠いた、とも言っている。

今で言えば、センターフォワードが動いて味方のためのスペースを作れなかった、あるいはボールをキープして味方の攻め上がる時間を作れなかった、ということになる。

そして「加茂弟の無理押しと突進、ライトウイングの高橋の予感の鈍さ」もあったためにせっかくのバックからのロングパスも効果を現さなかったとも工藤コーチは言っているから、個人技に頼って無理に一対一の勝負をしかけて潰されたり、バックとフォワードの意志の疎通を欠いた、ということになるかもしれない。

前半の四失点に関してはフルバックの「右の猪突、左の躊躇により」と記録されているから、味方のカバーリングを待たずに飛び出した右の堀江が再三抜かれ、寄せのタイミングの判断を誤った左の悌三のサイドからも決定的なパス、あるいはシュートが飛んだ、ということが失点の大きな原因だったことにもなる。

だが、負けたとはいえ、後半だけ見れば初めて無失点で終えることができたのは日本代表にとって大きな収穫だといえる。なにより工藤によれば、

「ゴールキーパー佐野は相手フォワードのチャージ無きため、安心して特徴を発揮し、美技の連続で度々味方のピンチを救っていた」とあり、ヨーロッパに来てからの守護神の好調さは代表チームにとって大きな救いとなったのだ。

堀江も、ヴァッカー戦に比べて相手が強かったとしたうえで「今日の場合は、敗北は敗北だが、失点を考慮に入れれば引き分けのようなものだ」と言っている。つまり四失点のうち一点は崩されての失点ではなく、事故に近いオウンゴールだったから、という意味だ。

「これならまだオリンピックまでには調子をもっと上げる見込みは充分あり、此方のプレイぶりにももっと慣れるだろうからと、一方には自分たちの実力の水準が、又一方にはオリンピックまでにはまだ向上し得る見通しがついたのでいわば自分たちの位置を冷静に、客観的に眺めることのできる材料を得たわけなので、前のように動揺した気持ちではなく、割に落ち着いて村へ帰ることができました」と堀江は結んでいる。

『蹴球週報』はまた、日本代表の運動量に言及して「驚いた」と評している。ピッチを走りまわる選手たちをドイツの観客たちは驚きをもって見たのだ。その走りを、

「今のベルリンの諸チームにはちょっと見られないほどだ。彼等の鋭い突進はどのバックでも止められるものではない」と称賛している。

「前にも言ったように日本の得意とするのは奇襲である。ゴールキーパー佐野を打ち負かし、又は策略に引っ掛けることは難しい。彼は良いカンを持っているから、ショットの行く方向を察知

して、球が行くまえにもう球の来るところへ先回りしている。両フルバックもなかなか強い。彼等は疲労を知らずに活動し、何回でも何回でも敵の攻撃を潰す」

「奇襲」とは今でいうカウンター攻撃を指すのかもしれない。堀江や悌三の執拗な守備とインターセプトが、一瞬にして相手の虚をつくカウンターにつながったに違いない。

また『蹴球週報』は多くの場合、「彼等はせいぜい一人置いた隣のプレーヤーにしかパスしなかった」とした上で日本代表について苦言を呈している。

「左のハーフから右のフォワードへ、又は右のハーフから左のフォワードへというようなパスは決して試みない。そんな事は彼等の辞書にはないのだ。ボールは常に隣へ隣へと渡されるのである。したがってボールを持って走る量が過大になり、本来敏捷に動き回る型のプレーヤーが、なお余分に無益な労働を科せられることになる」

ショートパスばかりで大きなサイドチェンジがない、という見方は正しかったのかもしれない。サイドチェンジとは、長いパスによって反対側にボールを送り、相手の虚をつく攻撃のことで、一瞬にして攻撃の展開を変える効果がある。

だが、ショートパスの連続で攻撃を組み立てる日本代表のスタイルは、その片鱗こそ見せてはいたが、まだこの時点では選手のコンディションもあって充分ではなかったのだ。

こうして再び負けたとはいえ、自信をつかんだ日本代表は、本番までに残された時間をコンディション調整に使うより「此方のサッカー」に慣れることが大事、としてもう一試合、練習試合を組むことにした。小野マネージャーはドイツサッカー協会にかけあい、ミネルヴァ戦の五日後にブラウヴァイスという、ベルリンのチャンピオンシップを獲ったこともある一流チームとの試合を決めてくる。

ところでベルリンでのサッカー以外の選手の生活はどうだったのか――。選手たちは練習がない時には自由に出歩き、活動写真を見たり、音楽を聴きに行ったり、観光や買い物に出かけて気分転換を図っている。

加茂弟は悌三や不破整と共に田辺治太郎に連れてられて市内に食事に出かけたりもしているし、活動写真に夢中になるあまり門限の九時を過ぎ、夜十時に戻って監督に大目玉を食らってもいる。もっともそうしたことがあって、練習に集中できる。スポーツにリフレッシュが大事なのは今も昔も変わらない。

七月二十七日は土砂降りの雨だったが、ブラウヴァイスのグランドには高々と日章旗が掲げられ、日本代表チー

休日。ブランデンブルグ門を背に立つ小野マネージャー（左）と竹腰コーチ（写真提供：川本章夫氏）

ムに敬意を表して待ち構えていた。

ミネルヴァ戦では、ハーフの鈴木が怪我をしたため、金がピッチに立ち、調子を上げてきている川本がセンターフォワードの位置に戻った。一方でミネルヴァ戦以来、工藤がホープと頼む加茂弟は自信を失ってスランプに陥り、俊足の松永もパスの後のスパートが遅く、両ウイングが「あり余る自己のスピードを生かせずにいる」というチーム状態で臨む試合となった。

雨が小降りになるのを待ってキックオフの笛が吹かれたが、グラウンドの芝は状態が良く、雨にもかかわらず水はけの良いのに日本代表の面々は驚いたと記録に残っている。

試合が始まると、ミネルヴァ戦同様、日本は浮き球ではなく、速いショートパスを素早くつないで攻撃をした。水はけが良いといっても滑りやすい芝のグラウンドは、ドイツ人に比べて身体の小さな日本人選手にとってむしろ有利だった。

一点目、激しい雨の中で川本が放ったシュートが決まる。『蹴球週報』には「絶対に取れぬこともない球を入れた」とあるから、この試合から本来の定位置であるセンターフォワードの位置に戻った川本は、おそらくキーパーの位置を見極めて軽く流し込むようなシュートを放ったのかもしれない。

そして二点目も川本だった。フリーキックが起点となって左インナーからのパスを川本がシュートして決めたのだ。記録には短く「綺麗に得点した」とあるから、つまりファインゴールということだ。その軌道は相手が一歩も動くことができないほど素晴らしいものだったに違いない。前半を二対一で日本が勝ち越して終える。

後半はセンターバックの要である種田が腹痛を訴えて交代となる。加茂弟によれば試合開始前に雨の中を長く立たされ、腹を冷やして困ったとあるから、雨の影響は大きかったに違いない。試合は工藤コーチの練習記録を見ると、もともとのツーバックに戻して結局三対二で逆転負けとなったが、この試合の後半は大きな意味を持たない。それよりも大事なのは、工藤も『蹴球週報』も、この試合の前半で日本のスリーバックシステムが完成した、と言っていることだ。

「日本人はすぐれた生徒である」の見出しで始まる同紙の記事はこうだ。

「彼等はもう新しい守備法を学び取ってこれを適用していた。すなわちセンターハーフは第三のフルバックとして、ウイングハーフはプレイを組み立て、インサイドは連絡者となって働いていた。彼等はヴァッ

ミネルヴァ戦で日本の得点が決まった瞬間のショット。敵選手が呆然と座りこんでいるのが見える（写真提供：川本章夫氏）

カーとミネルヴァから見覚えた通りにプレイした。日本はベルリン型の守備を行っていたのである。ブラウヴァイスはもう教師の役割を果たせなかった」

堀江は「僕たちは前半のメンバーのままなら勝っていた」とまで言っている。

「雨が止んだとはいえ、えらく消耗した目には球が朦朧《もうろう》とする」

加茂弟はそう試合を振り返る。ただ疲れたというより、コンディションが上がり、本番を前に全力で走りきる体力が戻ったことも想像できる。

試合には負けたが、チームの中には明るい活気と自信が生まれた。三つの敗戦から得たものは大きく、それぞれの持つ意味は違う。初めてのヨーロッパで本場のサッカーを体感した日本代表は大きく成長した。

プレーや選手たちの統率でも力を発揮したであろう主将の竹内悌三は、実はミネルヴァ戦の日の夕食で、敗戦の空気を期せずして明るくした。オリンピックの後、アサヒ・スポーツ昭和十一年十一月号に掲載された「竹内君のカンちがい」にそれを見ることができる。

「――ミネルバで試合をした蹴球チームの話。前半わが軍二対一とリードして優勢だったが、後半は逆に三対一とリードされ、一点の差で惜敗して終わった。ところが、竹内主将、何を勘違いしたのか、引き分けとばかり思い込んで、試合終了後これからメシという時『どうも残念ながら引き分けに終わりまして』とやったので『オイ、竹内、負けたんだぞ』とどなられ、クサリ切った竹内君、食事もせずプイと席を立ってしまった。残った選手たち、なんぼなんでも竹内主将のカンが悪すぎると、却って急にホガラカになったという、うそのような本当の話――」

前述したが、一点は堀江のオウンゴールだ。悌三は守備の要としてそれを守備を崩された上での一点として計算していなかったに違いない。「クサリ切った竹内君」とは、一戦目に大敗した責任を感じた上で、絶対に負けを認めたくなかったという気持ちが想像できる。

それにしても、「主将のカン違い」ということでかえってチームに笑顔が戻ったというのも面白い話だ。こうしてチームは次戦のブラウヴァイス戦でさらに調子を上げた。

一方、スウェーデン戦を前にした七月三十一日、オリンピック代表団を喜ばせるニュースが舞いこんできた。ＩＯＣベルリン総会で四年後の第一二回大会の東京開催が決定されたのだ。東京でオリンピックが開かれる――。日本がこれから戦う一戦は四年後に向けてさらに大きな意味を持つことになった。

この知らせはこの日すぐに選手たちに伝わっている。

「一九四〇年の夏季オリンピック大会は日本に於いて行われることに決定した。大変なことだ」

加茂弟のこの日の日記にはそう書かれている。八月五日まで、あとわずか。次の敵はスウェーデン代表だ。これまでのクラブチームとは比べものにならない。そして、それは日本サッカーの歴史に残る一戦となった。

ベルリンの奇跡

昭和十一年（一九三六）の八月一日、悌三は四〇〇〇人の選手団の一人としてオリンピックスタジアムを行進した。満員の観客の声援が身体を包む――。それは悌三の人生のもっとも輝かしい瞬間だった。女性監督レニー・リーフェンシュタールの製作した映画『民族の祭典』には、圧倒的なスケール感と行進の美しさ、そして観客の熱狂ぶりが記録されている。

この時の日本選手団の中には、ラジオの実況アナウンサーがガンバレを連呼して歴史に名を刻むことになる水泳の前畑秀子、三段跳びの田島直人、マラソンの孫基禎らの金メダリスト、そして四年前のロサンゼルスオリンピックで愛馬ウラヌス号とともに金メダルをとった西竹一もいる。西は太平洋戦争の硫黄島で戦死する運命にあり、この大会のあと世界は第二次世界大戦へと突入する。ヒトラーの大会とも言われたベルリンオリンピックは、世界が平和を謳歌した最後の祭典だった。

サッカーの日本代表とスウェーデン代表の一戦は、開幕式の三日後、ゲズントブルネンにあるヘルター・プラッツ競技場でおよそ六〇〇〇人の観客を集めて行われた。現代のような大競技場

満員の観客席（写真提供：加茂健彦氏）

オリンピアシュタディオンに掲げられた日の丸と各国の旗。その上にはハーケンクロイツ（写真提供：加茂健彦氏）

開会式におけるオリンピック日本代表選手団の入場行進。ドイツの観客はナチス式敬礼で迎えた（写真提供：川本章夫氏）

ではない。メインスタンドこそ屋根付きではあるが、一〇段余りの低い観客席に囲まれた、今から見ればこぢんまりとした競技場であることが残された写真から見てとれる。

戦前の大方の予想、特にスウェーデンのスポーツ紙は日本を問題とせず、自国が準決勝までは順調に勝ち進むと予想した。一六カ国のうち日本とイタリアだけが学生を中心に構成されたチームで、スウェーデンは日本に勝てば次の相手はイタリアになる公算が大きかった。だが、『蹴球週報』は、参加一六カ国をそれぞれ細かく分析した上で、日本についてはこう書いている。

「――ヴァッカー及びミネルヴァとの練習試合の結果、彼らはヨーロッパの蹴球人にとって全然未知数ではなくなった。その結果というのは日本にとって芳しいものではない。然し、この三試合の結果から推論を下す前に、日本人は全ての領域において良い規範を有効に学び、かつ自己の形成力でそれを凌駕することを心得ている点で驚くべく素早い、という事実を考慮に入れないと誤った推測を下す結果になるかもしれない」

ヴァッカー戦からの三試合をつぶさに見て分析してきた同紙は、続けてこう結論づけている。

「――何千年かの伝統によって形成された感情を表さぬ笑い顔の下に、日本チームが蔵して学ぼうとする狂信的な熱意は他のどのオリンピックチームにも見出されぬものであり、また、オリンピック前の仕上げの数週間に日本人が示しているような長足の進歩は他のどのチームにも見られない。日本を予想表から抹殺し去る前に、まず我々はこのような、あらゆる予言を覆す可能性のある諸条件を考慮に入れる必要がある――」

その日本代表だが、どんなチーム状態で試合にのぞんだのだろうか。

工藤コーチの記録によれば、入場式で「可成り疲弊した」とある。選手たちを乗せた数百台の車は競技場で大行列となり、ようやく降りて整列すれば、入場行進から最後まで四時間半、立ち通しの開会式だった。

日本チームは翌日を休養日にあて、スウェーデン戦の前日は軽い練習のあと、四時から行われたノルウェーとトルコの試合を全員で観戦した。

この試合を選んだのには理由がある。対戦相手がスウェーデンと決まってからというもの、代表チームは新聞や雑誌でずっと相手チームの情報収集に力を注いできた。そして、分析の結果、スウェーデンと実力も伯仲していてロングボール主体の戦法も似ているのが、同じ北欧の国ノルウェーであると判断したのだ。

工藤は「ノルウェーの試合ぶりを実際に見て、こんなものなら太刀打ちできない事もない、という感じをうけた」と、その試合を振り返っている。それは選手も同じ気持ちであった。

「試合前後の我らが宿舎気分は緊張した雰囲気の中にも、全ての準備工作に於いてやれるだけのことは全てやりつくしたという達観した気持ちがあったから、案外朗らかなもので、しかも今日のノルウェーの実戦ぶりを見たことによって得た、我々の自信は間接的なものであったが、これがチームの内部に何とはなしにモリモリッとした強い精神力と、黙々たる底力を呼び起こした」

工藤の記録はこう続いている。

「そして全員沈黙の中にも、力尽き、足折れるまで戦い尽くせばそれで良いんだ、人事尽くして天命を待つというような気持ちになりきっていたので、別に神経をイライラさせることもなく（選手たちは）案外早く眠りについたようだ」

緒戦を前にした悌三主将に関する記録は残っていない。だが、極東大会の一位を経験し、サッカーの黎明期を知る悌三が、ミーティングや何気ない雑談の中で自分より若い選手たちを気遣い、精神的な支柱となっていたであろうことは想像に難くない。

試合当日の午前、選手たちは、選手村の自然の中を思い思いに散策して過ごし、午後一時に鈴木監督の部屋に集合した。この時の様子を堀江は「シーンとした緊張感裡に」と、のちに表現している。

選手を前にして鈴木監督はまず、こう言った。

「半年の我々の苦労も今日の九〇分によって判定を下される。各自その精神力、全精力を傾注し尽して後悔なきよう力闘すること。すなわち弓矢も力（※原文のまま）も尽き果てるまで戦い抜くこと」

そして、「まずダニの如く執拗に、土佐犬の如く落ち着き、勇敢に」と続けたあと、

「攻撃においては、ミッドフィールドにおけるキープから最後のゴール前に移る際のテンポ、ペースの変化に注意し、ゴール前の囲みを緊密にする事」

と具体的な確認に移っていった。

「守備にあってはミッドフィールドの追い込みには協力してこれにあたり、ゴール前に於いてはマークの距離を近くして強引な深いタックルをなすこと。各ラインにおいては、ウイングはキープとスパートの判断を正確にすること」

この鈴木監督の言葉を左右のウイングである松永と加茂弟はどう聞いたであろうか。俊足を買われて文理大からただ一人招集された松永は、ドイツに来てからというもの全く調子が上がらず、加茂弟にしてもようやくまだヴァッカー戦のスランプから抜けたばかりだった。

それに対し、センターフォワードの川本、インナーの右近、加茂兄は調子を上げてきている。鈴木は続けた。

「センターフォワードは前後の動きを多くし、相手センターハーフのマークをスリップすること。インナーがV字型攻撃線を構成する際、球無き者がダッシュすること、ゴール前の囲みに際して一直線にならぬこと」

V字型攻撃線とは攻撃時にインナーを中心に三人で作る逆三角形を指す。インナーとセンターフォワード、ウイングで攻め上がった場合、センターフォワードの川本、あるいはウイングがボールをキープし、二列目の加茂兄、右近のインナーが飛び出すというのが日本代表の攻撃の一つのパターンでもあった。

ゴール前においても一直線に並ばずとは、必ず一人は下がって三角形を作り、一直線に並ばないようにという注意だ。そして鈴木は、サイドハーフの金と立原に対してはフォローとキープに力を注ぎ、無駄にボールを蹴り出しをするな、と注意を与えた。

ドイツに入ってからスリーバックにシステムを変えた悌三と堀江、種田の守備陣にはこう声をかけている。

「スリーバックは相手のエースたるセンターフォワード、ライトウイングのダッシュを特に警戒してとにかく粘ること」

ライトウイングは特に俊足な者が担う。それを相手にするのは左のフルバックである悌三だ。ウイングを自由にさせないことで相手のセンタリングの精度を狂わせ、決定的な危機を救う重要な役目を悌三は負っていた。

鈴木は最後にゴールキーパーの佐野に声をかけた。

「ロングシュートに目を離さぬこと。及び、味方のバックパスを速く拾うこと」

日本人に比べ、外国人のキック力は強くて正確だ。キーパーの位置を見極めて遠目からでもシュートは飛んでくる。それをドイツに来てからの三戦で嫌というほど実感できたのは佐野にとって幸いだった。そして、何よりもここにきてルールでキーパーが守られていると知ってからというもの、佐野は安定感が増してきていた。

だが、のちに鈴木監督は、試合前のことをこう回想している。

「蹴球の本場の欧州列強とこの乏しい国際試合の経験でどこまで対抗してゆけるか、全く見当もつきませんでした」

日本サッカーの歴史は欧州のそれとは比べものにならない。乏しい国際試合の経験とは、極東大会でのアジアの国との試合を指す。鈴木はこれから始まるオリンピックの試合で、世界において日本の水準がどこにあるのか、それを知ることが自分たちの使命であり、惨敗を覚悟の上で戦い、捨石になってもそれは日本サッカーの未来にとって「大きな一つの土台石となる」と信じてやまなかった。

「これを基準として、やがて日本蹴球の進む方向と方策を樹立することが現時日本蹴球界の必要事で、しかもまた、それは我々の必ずできる唯一の使命であるまいかと考えたのであります」そうも鈴木は語っている。

こうして、日本サッカーが経験したことのない戦いが始まろうとしていた。

試合開始の二時間前、日本代表はヘルタープラッ

キューラーヴェーグ練習場にてサッカー日本代表選手とコーチたち。それぞれ直筆のサインが入っている（写真提供：竹内宣之氏）

ツ競技場に到着した。真っ先にグラウンドの下見に選手たちが出てゆくと、遅れて対戦相手であるスウェーデン代表が現れた。自分たちよりはるかに大きく逞しい体をした選手たちは、笑みを浮かべて日本人選手を見下ろし、脇を通り過ぎてゆく――。スウェーデンの選手たちは誰もが「この小僧たち、あっさり負かしてやるぞ」という笑い方をして通った、と堀江は回想している。

その堀江は、相手の笑い顔を見て逆に闘志を燃やしたという。

「スウェーデンとしては、もう二時間も経てば相手はどうせ俺たちにペチャンコにやられているんだと思えば、憐憫か何かを催して、ちょっと愛想よく笑ってやりたくなったのでしょう――」

すでにアメリカを下してベスト8進出を決めているイタリアがこの日の勝者の相手だ。スウェーデンにしてみたら、地元クラブとの練習試合で三敗をしている東洋の小国など眼中になく、視線の先にはイタリアがいたのに違いない。

地元の新聞に至っては、練習試合で日本が連敗した時に、もうこれ以上試合をするのはやめてくれと言ったという話すら残っているのだ。

いよいよ試合開始時間となり、先にグラウンドに姿を現したのは、黄色と紺のカラーに身を包んだそのスウェーデン代表の選手たちだった。満員の観客席には大勢のスウェーデン人が陣取り、万雷の拍手で走り出てきた選手たちを迎えた。これに対して「スウェーデン流の鯨波の聲」で選手たちが応えたと記録には残っている。鯨波の聲とは、三〇年戦争の鬨《とき》の声「神は我らと共に」を叫ぶもので、地鳴りのような応援の声を通路にいる日本代表の若者たちはどう聞いたであろう

運命のキックオフ。現地の新聞に掲載された日本代表。ボールを持つのは竹内悌三主将（写真提供：日本サッカーミュージアム（上）加茂健彦氏（下））

か。現代サッカーで言えば、「アウェーの真っただ中」で日本代表はこれから戦う。

スウェーデンの選手たちに続いて、胸に日の丸をつけ、青のジャージに身を包んだ日本代表がピッチに現れた。夢にまで見た世界と戦う舞台である。主将である悌三の目の前には戦いの場というには美しすぎる緑の芝が広がっていた。

「続いて小さい日本人が現れ、彼ら特有の礼儀正しさで、無言で、にっこり笑いながら観客にお辞儀をする。彼らは熱狂して騒ぎまわっているスウェーデン人の観客にはほとんど注目されなかった」と『蹴球週報』は書いている。（のちに堀江は「誰もにっこり笑ってなどいない」と否定しているのだが――）

日本代表に比べてスウェーデンの選手たちは皆頑丈で背が高く、種田のマークすることになるセンターフォワードのヨナソンは一八〇センチを越す〝巨人〟だった。この時観客席には次の試合の対戦相手であるイタリア代表もいた。そして、地元ドイツの観客に交じった日本人の観客の中で、女子水泳チームも観戦している。ピッチに並んだ両軍を見てその大人と子どものような体格差を観衆はどう見たであろう。この日は曇りで南風がやや強く、前半は日本は風上に陣を構える。日本に与えられたアドバンテージは唯一風上だったということになるかもしれない――。

開始のホイッスルが吹かれ、大歓声の中で試合が始まった。

センターフォワードの川本は、のちに自伝『轍《わだち》』の中で試合をこう振り返っている。

「肝心のコンディションもコーチの苦心で今日はまず上々のはずだった。ところが始まってみると妙にこじれたような、皆の動きなのである。大きいだけに、はじめはのろいはずだ。相当、得点はされるだろうが、なあに、こっちも何とか早いところ、やっつけようじゃないか、とひそかに先取得点を狙っていた――」

だが、敵のエンジンがかかる前に先取点を、という川本の思惑は、意外に慎重な、そして予想よりはるかに力強いスウェーデンのプレッシャーの前に封じられる。『蹴球週報』は試合の序盤を「スウェーデンは開始のホイッスルから試合を支配した」と表現している。

日本は先取点どころか自陣を出てハーフラインを超えることすらできず、一方的に押し込まれてゆく。そして最初の決定的な場面が訪れたのは、開始わずか三分のことだ。

センターバック種田の「無様なミス」(蹴球週報)によってゴール前で完全にフリーになった〝巨人〟ヨナソンが放ったシュートは、日本にとっては幸運なことに軌道がわずかに上に逸れ、ボールはクロスバーを叩いて大きな音を立てた。競技場を大きなため息が包む。「粘り強く敏捷ではあるが体力の足りない」日本の守備陣は、ヨナソンの頑強な体力に物を言わせた突破力よって再三のピンチを招く。

スウェーデンには、冷静沈着にしてドリブルの名手であるペルソンという右インナーの選手と、小柄ではあるがテクニシャンの左インナーのグランが攻撃の核を担っていた。だが、当時のサッカー評論家の記述によれば、スウェーデンはむしろ「非常に慎重でほとんど引っ込み思案とも思える戦いぶりだった」とある。それはヨーロッパのサッカーを良く知る目から見た客観的な見方だったに違いない。だが、記者から見たら普通に見えるヨーロッパのプレーも、ピッチ上で初めて対峙した選手達や、近くで見ている監督やコーチの目にはそうは映らなかった。

工藤コーチは前半の立ち上がりをこう回想している。

「前半スウェーデンは左翼から猛烈な攻撃を続け、レフトインナーのキープから快速を利する速攻には、我が立原、堀江は全く影を没した感があった。しかも開始わずか一〇分にして堀江は負傷せしめられ、種田はまたスルスル抜かれ、センターフォワードの物凄いダッシュと、巧みなスリップは、全く我がゴールの心胆を寒からしめ、その強蹴は佐野の捨身の防御によって辛くも外されていた。かくて二〇分頃までは全く味方ペナルティエリア内に押し込められた形となり――」

アジアの国としか対戦したことのない日本にとって、スウェーデン代表はパワーもスピードも桁違いで、ドイツに来てからの練習試合の相手とも全く違った。

激突による堀江の怪我は、試合後の診察で右肘の一部を骨折していたことがわかる。堀江は開始早々この激痛を抱えたまま残りの時間を戦わなければならなくなった。

そして、誰もが感じていたヨーロッパとの差は、体力だけでなく、プレーの正確さと円滑さ、キープ力と個人技だった。堀江は自分たちのプレーを彼らに比べ「粗雑」だと表現している。

右近はドイツに来てからというもの、ヨーロッパの選手たちの長身で長い足による間合いの違いに戸惑っていた。

「すり抜ける幅の広いこと、こちらの二メートルくらい前から逃げてしまう。そしてボールと敵の間に自分の身体をすぐに入れるので、こちらは背中にくっつく形になってしまう。ドッジング（※上半身を使ったフェイント）の時も非常に大きく、軽く逃げるのでつぶしにくい」

右ウィングの松永も「何につけ身振りの上手な彼らは自らプレーにもそれが現れ、大きなモーションで人を欺きボールを持って逃げることは我々の到底及ぶところではない」と日本人にはない巧妙なフェイントを振り返っている。

事前の情報でスウェーデンは頑強な体力を持ち、「英国流」のロングボール主体のサッカーをする、ということだったがそれだけではなかった。足元でショートパスをつなぐ日本に対して、スペースを突いたスルーパスを狙い、必死になってボールを追う日本人選手たちを翻弄し、疲れさせた。相手のゴールキーパー・ベルキストは「寛大な処置」によってサッカーでのオリンピック出場を許可された北欧一のアイスホッケーの名選手であったという。両フルバックはやや動きが硬かったものの、センターバックの要が守備網を完全にコントロールして隙を与えることもなかった。

事前に工藤コーチが指摘していたように相手の右サイドは曲者だった。悌三のサイドは何度も破られピンチを招く。日本もスウェーデン同様、センターハーフを一枚下げたスリーバックの守備陣形をとっている。それはつい二週間前から練習を重ねてきた新しい守備システムだったが、基本的な技術と体力の差までは埋めることが出来なかったのだ。

センターフォワードの川本は相手マーカーと並んで前線に取り残され、自軍を見ているしかなかった。その川本は言う。

「守備陣は、ベルリンに来てから習ったばかりの3FB（※スリーバックシステム）を布《し》いて懸命に戦った。しかし、敵フォワードの力に満ちた、それでいて、柔らかみのある動きが『どうしようもない』と思わせる、幾度かの場面を描き出したのである」

だが、時間が進むにつれ、次第に日本も落ち着きを取り戻す。持前のショートパスをつなぎ、カウンターから右近が敵陣深く侵入してシュートを放ったのは〝魔の一〇分〟を終えようとしたその時だ。これは惜しくも得点にはならなかったが、ここから試合は動きだす。

お返しとばかりにスウェーデンのホルマンの放った決定的なシュートは、佐野がパンチングで弾きだし、観客の称賛を浴びた。スウェーデンが圧力をかける一方的な展開ではあったが、彼らのシュートは佐野の天才的なセーブのお蔭でネットを揺らすことはできない。一方日本も何度か反撃を試み、川本のシュートによってコーナーキックを得たものの、そのチャンスを生かすことはできなかった。

何度かピンチを招いたとはいえ、スウェーデンの選手たちの表情にはまだまだ余裕の色が浮かんでいた。だが、前半二〇分、その表情が一変する。

「ようやく攻撃の端緒を開いたわが軍は、ミッドフィールドにおける右近の縦横無尽の奮戦によって球を拾い――」（工藤）

スウェーデンのディフェンス網をかいくぐった右近がゴールに迫ると、スウェーデンの観客が総立ちとなる。まさに決定的なシュートを放つその瞬間、ディフェンスの選手の「無鉄砲な」（蹴球週報）タックルによって右近は弾きとばされ、ボールはエリアの外に飛んだ。

ほとんど反則のようなタックルであったが、スウェーデンは日本に危うく先取点を奪われるところだった。北欧の巨人たちの闘志に火が付いたのは、この時だったのかもしれない。

そのわずか四分後、悌三の左サイドでボールを受けたスウェーデンのペルソンが、ペナルティエリア付近から強烈なシュートを放つ。「ゴールキーパー佐野は、セーブするチャンスが全くなかった」というそのシュートは、絶妙のタイミングで正確にゴールの隅に飛び、ポストに当たってネットを揺らした。

観客席は大歓声に包まれた。川本は自伝でこう振り返っている。

「私たちにもまんざらチャンスがなかったわけでない。大試合ではこんな時、正確なシュートが出来たら、それは僥倖である。この試合はいささかのまぐれも許さない、戦いであったのだ。一口に言えば、ごく順当な、平凡な、予想通りの結果であったのである」

川本によれば、自分たちのシュートは「悲しいかな、これという態勢からもって行ったチャンスではない」ものばかりだった。〝これといった態勢〟にもって行けなかった理由の一つは、川本自身の言葉によれば、初めて経験する「女郎グモのアミような」相手ディフェンダーによる守備網だった。

「殊にセンターフォワードである私には六尺（一八〇センチ）以上もある敵のセンター・ハーフが

しっかりとくっついている――」

そんな大きな選手は当時の日本にはいない。長身で逞しい相手に密着マークをされ、シュートの態勢は不十分になる。打ったシュートがまぐれで入るレベルの相手ではない。しかも、ピッチの上に立ってひとたび密集すれば、相手の身体の大きさに邪魔されて普段よりも視野は狭かったに違いない。

守備的な右ハーフであった立原は、川本をして「二枚腰と粘り強い足首を利用して一度敵にアタックしたら必ずボールを足首に引っ掛けるようにしてわが物にする」と言わしめた選手であったが、その立原にしてもスウェーデンの選手とぶつかり合えば、さして腰を落としてもいない相手に簡単に押し切られてしまったという。

先取点を取ってからもスウェーデンは「ごく順当な、平凡な、予想通り」のプレーを続ける。点を決めたペルソンが再び危険な位置まで猛然と侵入してシュートを放つが、今度は佐野がそれをスーパーセーブで弾き出す。そのプレーに、ヘルタープラッツ競技場のスタンドは「どよめく拍手の嵐が渦巻いた」と『蹴球週報』はレポートしている。日本代表は佐野の神技で何度も救われた。そして日本の同点チャンスは二八分、鋭いカウンターから放ったシュートは、あわやゴールというところでゴールキーパーによってブロックされる。弾かれたボールは川本の近くに落ちたが、彼より早く、キーパーがしっかりと抱え、ピンチの芽を摘んだ。

前半の終盤では「思わぬ反則」によって日本にコーナーキックが与えられたが、北欧の巨人たちの集中力を切らさぬ守備によってシュートすらできない。この時間帯を『蹴球週報』は「スウェーデンは一層注意深く対応した」と書いている。試合開始の魔の一〇分と同じく、終了間際は最も集中力が切れる時間帯だ。試合の流れを知る経験豊富な欧州の選手たちはそれを耐えるすべを知っていた。

そしてまさにその魔の時間帯である前半三七分、堀江のサイドを破ったレフトウイング、ハルマンの見事なセンタリングを再びペルソンが受ける。彼が放った地を這うようなロングシュートはゴールに転がり込んだ。

『蹴球週報』はこれを「我々には必ずしもキーパーに取れぬ球とは見えなかったが、入ったのである」と書いている。現存するモノクロフィルムの中でも、佐野は気の毒なくらいぶざまな恰好で腹ばいに転び、ボールを取り損ねている。もしかしたら入り乱れた選手たちがブラインドになったのかもしれない。

攻撃にさらされ集中を欠いた瞬間の絶望的な一撃に、日本の戦意はしぼんだ。ハーフタイムを告げる笛が鳴ると、日本代表の面々は肩を落とし、悄然としてピッチをあとにする。

スコアボードの数字は二対〇。だがその点差以上に、力の差は歴然で、誰が見てもスウェーデンに勝つことは不可能に見えた。そう思っていたのは観客だけではない。当の日本代表の選手たちもそう考えていた。だが後半、ドイツのサッカー評論家をして、〝一九三六年オリンピックのサッカー、ナンバー四の試合は永久に忘れられないだろう〟と言わしめた一戦となるのだった――。

ヘルタープラッツ競技場のロッカールームは狭く、息苦しかった。次々と入ってくる選手たちの顔は誰もが疲れ切っており、いくら拭っても吹き出す汗は止まらない。そこは物凄い暑さで、蒸風呂のようだったという。堀江は右ひじの激痛に耐えていた。

前半戦ってみて、あまりの力の差に選手達の中の戦う気持ちは萎えた。工藤コーチは敵をこう回想する。

「どこからでも物凄い直球シュートを放ち得る実力を持つ彼らの攻撃力は実にすばらしい威力であった。バックスの正確なロングパスがセンターフォワード、レフトウイングの鋭い突っ込みとあいまって綴られる豪快な攻め手を誇るチームは一言にして攻撃的チームと言うべきだが、高い球に対して恐るべき強味、正確さを持つゴールキーパーの守備、サイドハーフの落ち着きすぎるほどのずうずうしさは学ぶべきである――」

松永は「二人が衝突しても必ずこちらがはね飛ばされるほどだった」と振り返るスウェーデンとの体力差に自分の持ち味を出せずにいた。

いったいどう戦えばよいのか――万策尽きた感のある代表チームの若者たちは誰一人口を開こうとはしなかった。ハーフタイムは五分しかない。

「みんな集まれ」

疲れ切った選手たちに円陣を組ませると鈴木監督は前に立ち、口を開いた。その口からもれたのは意外な一言であった。

「――お前たち、今日は馬鹿に調子がいいじゃないか」

その言葉に誰もが一瞬虚を突かれたという。顔を上げた選手を前に監督は続けた。

「これなら後半はいける。後半頑張ればきっと勝てる」

加茂兄はのちにこの言葉を聞いて思わずその気になった、と語る。川本は鈴木監督の眼鏡越しの目を見た。この時の印象を自伝の中でこう回想する。

「何となく、白々しい感じがして『へえー』と言ったなり相手を見返すと、いつもと違う。ドキンとするような、真面目くさった、その顔つきだった」

日本は、どうせ押されるだろうという予想のもとに、強引なダッシュとシュート力の持ち主である松永にカウンター攻撃を託していた。ところがその本人は「熱血漢だけにカチンカチンにのぼせてしまって全く役に立たない状態」で、依然不発のままだ。しかも相手は予想外に慎重でつけいる隙もない。それなのに「調子がいい」と言われたのは誰にとっても意外な一言だった。

このまま負ければ日本に帰るのだ。川本はそれからのことをこう表現している。

「一とおり汗がひいてしまうとさっぱりとした。その時を待っていたらしい竹腰コーチが何か言った。『とにかく思い残すことのないようにやろう』という意味だった。とうとうギリギリまで追い詰められた。敵の強さと二点の負担、まず絶対といっていいこの条件を持ちこさなければならない後半戦……。私たちと言えどもここですっぱりと裸にならざるを得なかった」

圧倒的な体格差の中でボールを追う日本代表選手。立原か、金か（写真提供：日本サッカーミュージアム）

シュートの瞬間まで敵の足から目を離さないキーパー佐野。後ろは種田（左）と堀江（右）。両バックが完全に抜き去られていることがわかる（写真提供：日本サッカーミュージアム）

そして、川本の心の中にある変化が起きる。

「——気遅れも僥倖を頼む甘さも、もう捨てないわけにはいかなかった。そして気にかかっていた忘れもののありかをふっと思い出した。『なあんだ』こんなところに……といった気軽な気持ち……。そんな一寸うきうきしたような調子が重い空気の底から湧いてきた」

気にかかっていた忘れもの——。それは、彼らが手探りで学び、つかみとってきたものだった。それを武器に戦えば良いだけなのだ。なぜ気後れすることがあるのか。なぜ僥倖を頼まなければならないというのか——。自分たちがやってきたこと、持っている力を世界の舞台で試せばそれでよいだけなのだ。そう思ったのは川本だけではなかったはずだ。悌三にも、右近にも、堀江にも、誰の心にもきっと同じ思いが湧いたに違いない。

「さあ、ゆくぞ！」

期せずしてみんなの声が揃った、と記録にはある。

サッカーシューズの紐を結び直し、暗い通路を走り出ると、大歓声に包まれた。見れば相手は先にグラウンドに出て余裕の表情を浮かべている。先に出ていただけではない。すでにポジションにつき、間もなく敗者になるであろう相手を待ち構えていた。

ホイッスルが鳴り、後半が始まった。後半は二点のビハインドに加えて日本は強い向かい風の中で戦わねばならなかった。だが、試合が始まってみるとどこか前半とは様子が違う。それを堀江はこう振り返っている。

「――スウェーデンがもう勝ったような気になって、多少気が緩んだのと、我々の必死の意気込みとがうまくぶつかったためか、試合が前半ほどスウェーデンに引きずりまわされることなく大分やり良くなりました。一旦フォワードが敵陣へ攻め込むと可成り小気味よく敵のバックを攪乱します」

川本もまたこう感じていた。

「前半であらまし私達の実力を見極めたのと、二点リードで大きな北欧人達はすっかり安心にふくらんでいる様子だった。ほとんど動かない敵陣へ向けて日本独特のショートパスが丁度練習のような調子でスースーと滑って行った――」

だが、ピッチの上にいる選手達とは違って、当時ドイツのサッカー評論家だったハンス・ヤルケ氏は前半の試合を観客席から俯瞰してこう記述を残している。

「日本のフラット・パスのプレーは抜け目なく、良く整った青と白の攻撃の組み合わせの陰で、スウェーデンを巧みに乱した。速さや技術的な能力を備え、素晴らしい粘り強さで頑張った日本は、スウェーデンのブロックディフェンスさえも出し抜いた。スウエェーデンはハーフタイムに入る前に、すでに相当に苦戦を強いられた。スウェーデンの応援団は、彼らのチームのプレーが崩れないように、徐々に声を上げざるを得なかった」

戦っている選手たちは気づかなかったが、相手は油断しているわけではなかった。日本のスピーディなショートパスによる攻撃は前半のうちにボディーブローのようにじわじわと相手に効いていたのだ。その結果は後半が始まってわずか四分後に訪れる。反撃は日本の左サイド、加茂兄弟と川本から始まった。攻撃に転じた彼らを見て右サイドのフルバックが前進してきた。だが、それは中途半端な寄せであった。

川本はその瞬間をこう回想する。

「右のフルバックが前進してきて、左側の三角パスの真ん中に入り込んでしまった。『しめた！』（これが唯一私達の予定にある得点のコースだったのだ）左のウイングの加茂弟が、サイド・ラインから斜めに切れ込んでゆく、いいスピードだ――」

左サイドの加茂兄弟は、この試合の後「カモ・カモフリューゲルス（翼）」と新聞の見出しに載る。ハンス・ヤルケは彼らのことをこう絶賛する。

「レフトインナー・加茂（兄）は素晴らしかった。彼は驚くべく敏速で、しかもそのスピードを落とさず球を処理することが出来る。ベルリンのレフトインナーにはこんな敏捷さを示し得る者はいない。レフトウイングの加茂（弟）もすぐれたプレーを見せた。彼とレフトインナーとで形成する翼は見事であった」

弟が切り込むのを見て兄も川本もゴール前に殺到した。左から中央に向けて低く飛んできたボールを川本はスルーした。自分の右に右近が走り込んでくることを知っているからだ。

思った通りボールは全力で攻め上がってきた右近に渡り、縦パスとなって完全にフリーになった川本へ送りこまれた。足元へ流れるボールを川本は右足のアウトサイドに引っ掛けてダイレクトでシュートを打つ。ボールはスライスしてゴールへ飛んだ。これは、川本が早大に入った年、リーグ戦の最初の試合で得点したシュートと同じパターンで、打てばゴールとなる得意のパターンだった。

「蹴ってしまってからチラッとゴールの方を見る。あまりスピードはないがボールは思った通り右のポストすれすれの所へ低くのびていった」

日本にとって反撃の一点がネットを揺らした瞬間だった。

観客席が大きな歓声に包まれる。スコアは二対一――。この時まだスウェーデンは冷静で「相変わらず要を得たプレイ」（蹴球週報）を続けたという。技術的にも体力的にも彼らの優勢は未だ揺るがなかった、と見たのである。だが、同紙はこう続ける。

「しかし、日本は何回も良い場面を見せ始め、日本流の粘り強さを発揮し、スウェーデンの力強い攻撃にも狼狽しなくなった。それでもスウェーデンは勢いこんだプレイを開始しなかった。彼らは勝利は要を得たプレイと冷静に依ってのみ得られると信じているように見えた。これに対して日本の小さい闘士たちはほとんど熱狂的な献身を以て戦い、猫のような敏捷さと頑強さを見せ、次第にバラバラになってきたスウェーデンのイレブンに対して本当に危険な敵になってきた」

守備もまた前半とはうって変わった働きを見せ始める。ハンス・ヤルケはこう書いている。

「スウェーデンにとっては、怜悧な粘り強い、新しい守備法を持つ敵にぶつかったのは予想外であった。これがスウェーデンのプレイから確実さを失わしめた。その結果我々はゲズントブルネンで、スウェーデンのプレーヤーがほんの数人しか本調子でないのを見た」

日本代表がドイツに来てから採用したスリーバックシステムはマンツーマンの密着マークを可能にするシステムだ。短い時間で練習したこの布陣は、まさにこの真剣勝負の前半で磨かれ後半に完成したと言える。試合前に鈴木が言った「ダニのように執拗な」マークはスウェーデンの選手達の自由を奪い、攻撃の芽をつんだ。

コーチの竹腰は、出発前にフォワードはある程度のレベルに達していても、守備のハーフバック、フルバックに関しては不安を抱いていた。ボールコントロールに加えて「間合い」の駆け引きがなく拙速に潰そうとする傾向があり、タックルに鋭さが欠けている、という点だった。ところが後半戦が始まると竹腰は前半とはあきらかに違う点に気づいた。

身体の大きなスウェーデンの選手に全くひるむこともなく体を寄せ、絶妙な間合いからのタックルが決まる。竹腰は一失点のあとのスウェーデンの選手の変化を見逃さなかった。

「スウェーデンのフォワードには焦燥と言うより周章（※狼狽の意）の気配が見えたのであるが、これは一面において、それが最も重大な点であるが、気持ちで我が代表の真剣さに逼迫せられ、他面技術的にはこの我が守備者のタックルの鋭さが彼らの技術の優秀さを消してしまったために、彼らが必要以上に急ぎ過ぎる結果を招いたものと考えられる」

〝必要以上に急ぎ過ぎる結果〟とはタックルとプレスを警戒するあまり、すぐにパスを出してカットされる、あるいはコースもないのにシュートを打ってしまったのだろう。

悌三たち守備陣は、大声を掛け合って連携をとり、お互いをカバーし合いながら次々とタックルを決めたに違いない。こうした守備によって、〝巨人〟ヨナソンは自分より小さな種田によって抑えこまれ、プレーは硬くなり、ミスを重ねる。また、彼がマークをはずしてフリーになっても「後陣やインサイドからのフィードのタイミングも悪く」（竹腰）という孤立した状況に追い込まれてゆく。

また、スウェーデンは浮き球のパスに正確さを欠いた、とも竹腰は語っている。工藤が「正確なロングパス」と相手を評価したことを考えると、後半は体の寄せによって決定的なパスの質を落とさせたことが想像できる。悌三は相手の右サイドからの攻撃を抑え込み、その結果、悌三がマークしたライトウイングは「オリンピックプレーヤーの域に達していない」（ハンス・ヤルケ）という辛辣な評価を下されるに至ってしまう。工藤もまた、悌三のプレーを「スウェーデンのホープであるライトウイングを押さえた竹内のポジションプレー」と賛辞を送っているから、後半に入ってからの悌三のプレーは完璧だったに違いない。悌三は頑強なタイプのディフェンダーではない。的確なポジショニングで相手のパスコースを消し、サイドに追い込み、あるいはパスが渡る寸前でインターセプトし続けたのだ。

工藤はまた「押されづめの不利な戦況を落ち着いたフィードによって攻勢に転じたレフトハーフ金の活躍はめざましいものであり、フォワード線の加茂兄弟、右近の力尽くまでの力闘、ゴールキーパー佐野の神技と共に、永遠の輝かしい記録として特筆したい」と金に最大級の評価をしている。

朝鮮の人である金の中盤におけるプレースタイルは当時の日本人にはないものだった。それは合宿で悌三と議論したボールキープをベースにした緩急の変化だ。粘り強くボールをキープすることで味方のサイドが攻撃に転じる時間が生まれる。だが、体格の大きなスウェーデンのプレスに耐え、ボールをキープすることは容易なことではない。金は肩にひどい打撲を負いながら獅子奮迅の働きをした。彼の胸には日の丸がある。だが、その下には朝鮮という祖国への強い想いもあったはずである。この難しい状況で日本の攻撃が成功した陰には、金の力が大きかった。川本はのちにこう振り返る。

「金は（朝鮮のチームでは）精力的だが、若干ムラがあった。しかしこのチームでは実に忠実で、全く彼の本領を発揮した。殊に攻撃的な強さは素晴らしいもので、彼はインナー・プレーヤーでもあったが、タイにこぎつけた二点は、中盤における彼のブレーキの利いたフットワークと球さばきから生まれたものであった」

川本は、攻撃の要であるインナー右近の守備と、守備の要である金の攻撃参加は共に一番目立たないプレーであるが、実はこれなくしてチームの攻撃も守備も成り立たないと言っている。特にハーフの役割は一番広く、大きく、そして苦しいとも。

最初の得点から一三分後、日本代表に再びチャンスが巡ってくる。攻撃の起点となったのはやはり加茂兄弟の左サイドだった。ショートパスの交換とスピーディな切り込みによって加茂弟から川本に送りこまれたセンタリングのボールを川本はシュートミスしてしまう――。だが、そこにはまたも右近が走り込んでいた。

「いつになく力んで蹴りそこなった」と、のちに川本が振り返ったそのボールは右近の強烈なシュートで一直線にゴールネットを揺らした。フルバックのアンダーソンは、右近を完全に見逃しており、気づいた時にはもう遅かった。

川本はこの右近のシュートを「右近は自分のミスを見越していたのではないか」と賀川氏にのちに語ったという。

試合は振り出しに戻り、この後のことを川本はこう回想する。

「スウェーデン人は憤りに燃えた。甘く見送った二〇分間の失敗にホゾを噛んだに相違ない。目が醒めたようにつっこんでくる。アタックに行ったバックがピンとはねとばされた。とても前半の比ではない。私達はもう完全に自陣へと押し込められてしまった」

二対〇で勝っている、という状態はサッカーにおいて最も危険なスコアであることは今では常識となっている。だが、当時はどうだったのであろうか――。追いついた側は「あと一点で同点にできる」というモチベーションになるが、失点した側は「あと一点で同点にされる」という心理となる。その差は大きい。一点差になった時点で、一点を守るのか追加点を狙うのかで追われる側は揺れる。三点目を狙うとなるとカウンター攻撃にさらされ、守ろうとすれば攻撃に転じることは難しい。おそらくスウェーデンのイレブンの間でその意志統一が図られなかったのは想像

神技を連発して危機を救った守護神・佐野。左へ走り抜けているのは堀江。その右は種田。本番で日本のスリーバックシステムは完成を見た（写真提供：日本サッカーミュージアム）

に難くない。同点にされる事態など、ハーフタイムで話題になったはずもないからだ。

「急にバリバリ動きだしてみたものの、前半に示した様な慎重さ、正確さも忘れている。それで私達は助かった」とも川本は振り返る。

小柄な日本人選手たちが思いもよらぬ同点弾を決めてからというもの、スタンドは日本を応援する声で沸き返った。それはドイツの観客たちだ。ヘルタープラッツ競技場のあるベルリン北部は労働者の多い地域で、優れたフットボーラーの多い地域でもある。日本人選手の繊細な技術と繰り返される奇襲はベルリン人の魂を奪ったと『蹴球週報』は伝えている。それに加えてドイツ代表は、このスウェーデンに三対一で敗れたのである。同紙は、ここから彼らの応援を「南欧人に見るような興奮は観衆を熱狂の旋風の中に封じこめた」と表現している。残り一〇分を切って北欧の巨人は持てる力の全てを注いで攻勢に出る。

だが、レフトインナーのグランが打ったシュートはまたも佐野がパンチングに逃れ、ペルソンの放ったシュートはゴールに走り込んだ悌三が間一髪クリアした。佐野の度重なるプレーを見て『蹴球週報』は「ゴールキーパー佐野とレフトインナー加茂は世界的なプレーヤーだ」と絶賛した。ハンス・ヤルケは「日本人はスウェーデンより神経太く、その上戦術的にも優れていた。スウェーデンは一点を返されてからは殊に日本の守備に巧妙に包み討たれた」とした上で日本の守備をこう評価している。

「この守備は戦略的な立場から見れば、ほとんど完璧だったと言っても過言ではない。ミッドフィルダー立原と金の粘り強さは、スウェーデンの攻撃的なプレーが出せなかった一つの理由だった。ディフェンダー竹内と堀江は、特に平静で効果的なプレーを見せた。日本の守備は勇敢なタックルと戦略そのものが最も印象的だった」

日本の守備が優れていたということもあるが、果たしてそれだけであったのか。竹腰はこんな言葉を残している。

「後半戦においてもスウェーデンには決定的に見える機会が度々あった。しかしその三、四点はゴールキーパー佐野が阻み、二点くらいはスウェーデンの選手が周章して外した。ただ、シュート確実な彼らが狙って悠々と蹴った球も何度か外れたのはなぜであろうか。説明できないことは『運』だといわれる。然しながらこの時の我々の感じは運が良かったという言葉とはおよそかけはなれたものであって、天佑という言葉を初めて感得できたような気持ちであった」

北欧の巨人たちは、猛攻を続け、日本のゴールを襲い続けた。そして、彼らにとって受け入れ難い瞬間がやってきたのは後半残り五分になろうとしている時だった――。

誰もが延長戦になる、と思い始めた時だった。スウェーデンは前がかりになり、ほとんどの選手が日本陣内にいた。この時、ゴールキーパー佐野が蹴ったボールが思わぬ展開を呼ぶことになる。川本はそれを「思いがけぬ忘れられた角度から妙なことが起きたのである」と回想している。

「ゴールキック、佐野が蹴ったが狙いそこねて敵のレフトインナーへ渡ったものである。敏捷そうなレフトインナーもボールを足におさえたものの前方があまりつまっているので、横を向いた

死闘の中、ルールの存在に守られ、敵のチャージを恐れることなくハイボールをキャッチする佐野（写真提供：日本サッカーミュージアム）

ままバックパスをした。ところがボールはそのうしろでパスを受ける位置にいるハーフから一八〇センチも離れた所を通り、無人のフィールドの中央へ案外なスピードで滑って行ったのである。外に開いていたフルバックと前進していたセンターハーフがあわててバックアップした。その時――」

右タッチラインのセンターフラッグのあたりから猛然とダッシュした選手がいた。それは松永だ。一〇〇メートルを一〇秒台で走るという俊足を買われていたが、これまで不調で、一度もその武器を生かす機会がなかった。だからその速さは相手フルバックにしても全く想定外だった。ピッチを斜めにボールを追って走り出した松永を見て敵のフルバックは慌てた――。その瞬間を川本ははっきりと覚えている。

「――サッカープレーヤーとして頭抜けた脚を持つ好漢松永が、この日初めて見せてくれた得意の疾走振りであり、その姿は一〇〇メートルレースのスタートダッシュにも似た、目のさめるようなすごいスパートだった」

スウェーデンのフルバックにしてみたら、あっという間に目の前に敵が迫ってきたのだ。それも、後半も終わろうとしている時間帯にまさかそんな速さを持った選手がいるとは思わない。彼は右近の同点弾を許したアンダーソンだった。彼にとっては悲劇の一瞬だった。

「一番早く（ボールに）追いついたフルバックが大きなスウィングで蹴ったが、どうしたことかミスキックしてボールがコロコロと横へ外れた。そこへ松永が追いついた。そしてフルバックと松永とそれに一足遅れて下ってきたセンターハーフが松永を真ん中に挟んでもつれるようにゴールへ進んでゆく。肩をグッといからせて両側の敵をけん制しながら強引なドリブルだ。『危ない！タックルされる！』——」

この五〇メートルにおよぶ独走シーンをゴール裏の観客席の上から撮影したモノクロ映像が今も残っている。荒れた画質のフィルムの中の松永は、スウェーデンの選手たちを引き連れて無人のピッチを一直線にゴールへ走ってくる。ファインダーを覗いているカメラマンは息を呑んだに違いない。それは見事なシーンだ。

「いまにもタックルされそうだが、敵同士で遠慮しているのか中々タックルされない。最後までスピードを落とさずに突っ込んでいって遂に走り勝った松永がゴールの左ポストの直前、左足で押し込むようにシュートした——」

ボールはゴールキーパーの両足のわずかな隙間からゴールに転がり込み、ネットを揺らす。逆転したその瞬間、観客席は揺れ、誰もがこぶしを突き上げて歓声を上げる様子が当時のフィルムに収められている。このシュートを松永の弟で後に日本代表にもなった松永碩《せき》氏は、生前こう話してくれた。

「兄はつま先で芝を蹴ったと言っていた。だからタイミングがずれてキーパーはとれなかったんでしょう」

最後の瞬間のミスキックが、わずかな誤差となってゴールとなった。ジャストミートしていたらキーパーの真正面なのだ。入っていたかはわからない。日本の逆転弾はそういうギリギリのシュートであった。

ここからはドイツの観衆も初めて目にする死闘となった。

「フィールドをぐるりと取りまくゴーゴーとした叫喚のうちに敵もまた死にもの狂いだ。縦へ縦へと突っ込んでくる味方バックの必死のタックルを強引に押しつぶしてシュートする、重い感じのするシュートがうなるようにしてバーすれすれを外れてゆく。敵も味方も茫然と見送る――」

フォワードの川本までもがディフェンスに戻り、戦った。

「――次の瞬間には鉄がぶつかるような衝突だ。センターフォワードがフリーシュートした。今度は低い、左の隅を狙って飛ぶ。〝やられた！〟目をふさぐ瞬間ゴールキーパー佐野の長身がゴール一杯にのびて見事にボールを摑む、ファインプレーだ。あのシュートが一本入っていたら……もう終わりだ。ガタッと崩れてしまう。薄氷を踏む気持ち、しかも息をつく暇もないとはこんな時を言うのだろうか？　敵はハーフもフルバックもグッと前進して殆ど全員攻撃である」

だが、日本代表は一方的に攻められていたかといえば、そうではない。その時間帯を堀江はこう振り返る。

「敵は必死になってバックメンまで総出で攻撃してきました。然し此方もそれに応じてフォワードも皆下がって守り、球を取ればウイングへ渡して、ウイングでキープしてゆっくり攻めたので、焦った敵は遠すぎるところからシュートを放ったり――」

今や形勢は全く逆になりつつあったのだ。パワープレーで押してくるスウェーデンに冷静に対処しながらボールをキープし、隙を見てカウンターを狙うというどちらが本場のチームかわからない展開になっていた。しかも走力はここに来ても落ちず、圧倒的に日本が優っていた。

攻勢に転じる中、シュートするまさにその瞬間、突然加茂兄が倒れてしまう。加茂兄は気力は充分だったが、足が悲鳴を上げたのだ。全く立ち上がることはできない。「足を押さえて苦しがる自分を相手ゴールキーパーが外に引きずり出そうとした」とその本人は語る。ドイツに来てから、外人選手が演技のように大げさに痛がる様子を初めて見て日本人は驚いた。そうした相手だから日本人が時間稼ぎをしたのだとも思ったのだろう。

この時、一緒に彼をピッチの外に運びだす手助けをした男がいる。それは〝治太はん〟田辺五兵衛だ。「竹腰君か小野君が頼むと言ったように思う」と回想する田辺は、「私が走ってくるのがわかると観衆が通路をあけてくれた。私はその好意の路を突っ走った」とも戦後『蹴球』の中で語っている。ゴールネットのうしろに加茂兄を引きずりだすと、彼は「痛い、痛い」と言いながらも首は試合のほうへ向けていた。田辺がサッカーシューズを脱がせてやりながら痛めた足を見れば、「ふくらはぎがこちこち」だったという。残り時間はあとわずか——。

川本はのちにシベリアの収容所で夢にまで見たというシーンをこう語る。

「左ハーフの金がボールを持ったその時、私は敵のセンターハーフと並んでいた位置をスゥーと離れて左うしろへ寄った。何となくボールが出そうな気がしたのである。幅の広いヨーロッパ人のプレーに伍して、ただ一人金容植の独特のフットワークだけはこの日見事に光彩を放っていた。案の定金は一人、二人、抜いて出た。それと見て私がスタートをつける。その私へ後ろからぶつける様に絶妙のスルーパスが出た。置いてきぼりをされた敵のセンターハーフが慌ててアタックに出て来る。そのハナを私はボールと共に一気に走りぬけた」

川本は一度〝消えて〟マークをはずし、金からのパスを受けた。そしてフルバックをかわしゴールへ向かう。

「――振り放し、抜ききったところはもうゴールに近く、斜め右わずか前方のグリーンの中に白いペナルティマークがポツンと目に入った。私はその位置、そして左足へかかるシュートの形が、私の一番得意とするシュートの型にはまっていることを知った。左のスミへ私のシュートは狙った通りのコースへ飛んだ」

至近距離からキーパーの逆をついて放ったシュートは無人のゴールへ飛んだ。だが――。

「〝しめた?〟と思った瞬間どこからともなく手が出てそのボールを叩き落としたのだ。敵ゴールキーパーの手では断じてない。これは私の得意な型でゴールキーパーの逆を完全についていたはずである。そしてボールはゴールラインを転がって外に出てしまった。〝ペナルティキックだ!〟私は叫んだつもりだったが、声にならなかった」

審判はドイツ人であったが、ゴールキックであることを手で示した。今のように会場に大きなオーロラビジョンがあってリプレイが見れる時代ではない。この瞬間を唯一ゴール裏の至近距離から目撃した田辺でさえ、この「キーパーの腕をかすめて入った一点」を「あれは幻のゴールだったのだろうか」と振り返っている。こうして入っていれば完全に相手の息の根を止めることになった四点目は幻に終わる。このあとのスウェーデンの一方的な攻撃を、田辺は「遠い所で激戦が行われているわけで、中盤戦といったものはないのだから、気のもめることもめること」と語った。

残りの時間は永遠とも思える時間だった。

フィルムに記録された日本人選手たちは飛ぶように右へ、左へ画面を横切っている。それはまるで風のようだ。この最後の一分間、スウェーデン放送のスベン・ジュエリングという名のアナウンサーが悲痛に叫ぶラジオの録音が今も残されている。

「——説明できません、信じられません……一言では言えません。私には一番不思議な試合です。日本人！　日本人！　ディフェンスしている日本人！　一生懸命頑張っています。飛ぶ日本人、打ち込んでいる日本人、飛び込んでいる日本人！……日本が勝つために死守している日本人！　そして正直に頑張っているスウェーデン人。しかし、もう負けました」

このラジオの「ヤパーナ（日本人）、ヤパーナ」と連呼したアナウンサーにはスウェーデンで「ヤパーナ」というあだ名がついたのだと賀川氏は言う。そしてまた、スウェーデンでは「驚いた、信じられない」ということを表す時「ヤパーナ」と言ったということも——。

終了のホイッスルを加茂兄はピッチの外の担架の上で聞いた。ワーと叫び声を上げると加茂兄は足が傷ついているのを忘れ、ピッチに飛び出した。田辺は「靴だ、靴だ」と脱がしたシューズ

試合終了と同時に興奮したドイツの観客がグラウンドになだれこみ、日本人選手たちを祝福した（写真提供：日本サッカーミュージアム）

試合が終わってもなお、日本選手を一目見ようと大勢の観客たちがバスを取り囲む（写真提供：日本サッカーミュージアム）

を手に後を追う。のちに川本が「加茂健が靴を片手に走ってきた」とこのシーンを回想する。工藤はその笛の音を聞いて「夢を見ているのではないか」と思った。

「ばらばらと真ん中へ駆け寄って、円陣を作ってスウェーデン万歳を三唱する、感極まってお互いに抱き合って飛び回る――」

堀江は相手にエールを送り、仲間との歓喜の抱擁の瞬間をそう回想する。次の瞬間、信じられない光景が目に入った。観客席を飛びおりて群衆がピッチになだれ込んできたのだ。勝ったイレブンはドイツの観衆にもみくちゃにされた。次から次へと感動した人がなだれ込んでくる。それは遠い地で手にした一勝に贈られるこれ以上ない祝福だった。

「僕たちをめがけてどっと押し寄せる群衆の間を掻き分けて、鈴木監督、竹腰、工藤両コーチが走り寄ってくる。汗だらけの顔に泣き笑いを浮かべて、わっと僕の肩にかぶりついてきた小野さん……！」

カメラに囲まれ、群衆の握手と子どもたちのサイン攻めは終わることもない。果ては警官隊が出動するほどだった。サッカーの試合で一度も泣いたことがなかったという堀江は、自分の頬を伝う涙に驚いたという。大陸を横断して手探りでここにたどり着いた日本の若者たちは間違いなく開拓者でありサムライであった。彼らは苦難の末、日本のサッカーが世界に通じることを証明してみせた。次のオリンピック、四年後の一九四〇年大会は東京で開催される。そこで自分達はまた世界を相手に存分に戦うことができるのだ。

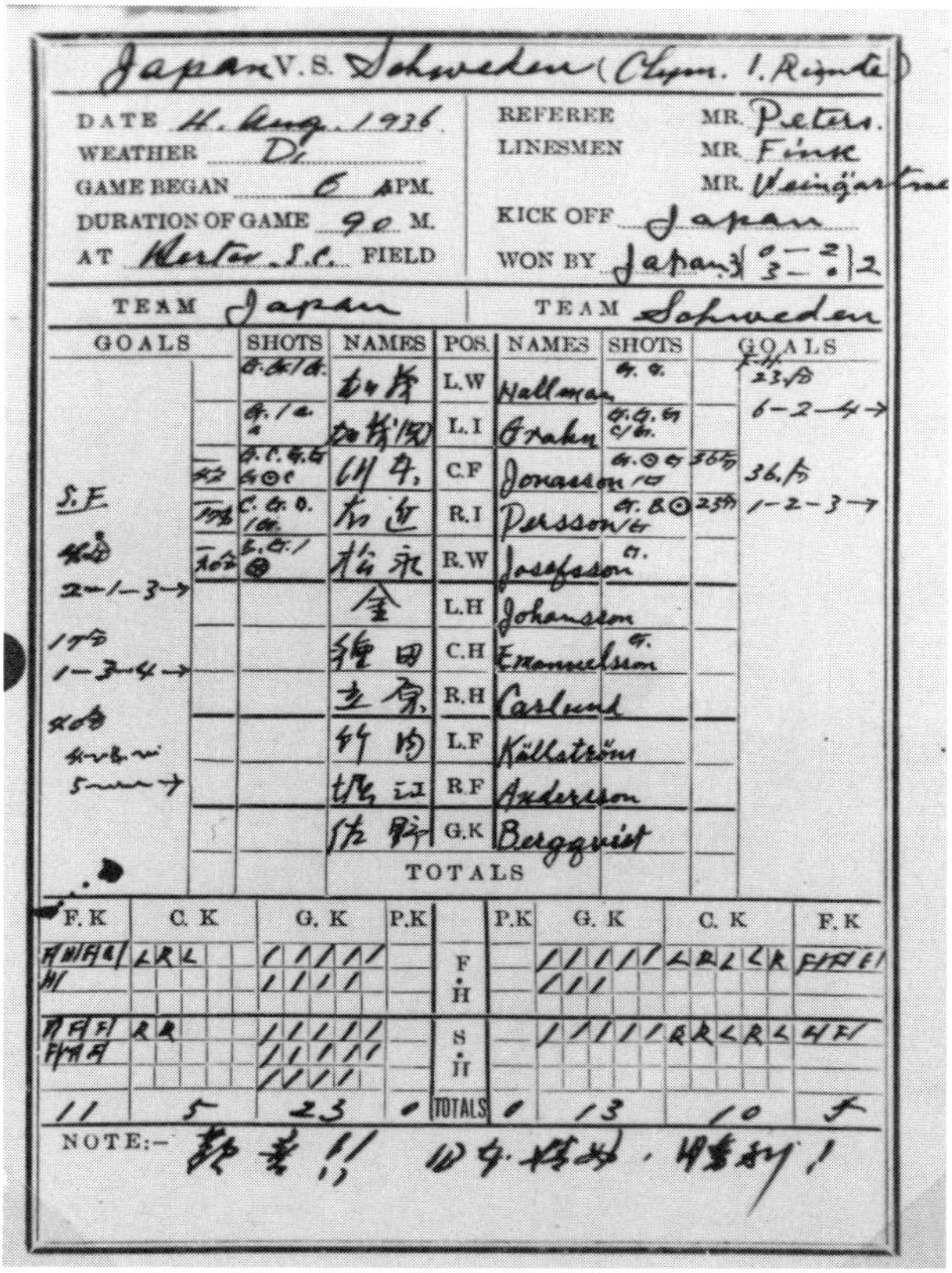

Japan V.S. Schweden (Olymp. 1. Runde)

DATE 4. Aug. 1936
WEATHER
GAME BEGAN 6 P.M.
DURATION OF GAME 90 M.
AT Hertha S.C. FIELD

REFEREE MR. Peters.
LINESMEN MR. Fink
MR. Weingärtner
KICK OFF Japan
WON BY Japan 3 (0−2, 3−0) 2

TEAM Japan　TEAM Schweden

NAMES	POS.	NAMES
加茂	L.W	Hallman
加茂(健)	L.I	Grahn
川本	C.F	Jonasson
右近	R.I	Persson
松永	R.W	Josefsson
金	L.H	Johansson
種田	C.H	Emanuelsson
立原	R.H	Carlund
竹内	L.F	Källström
堀江	R.F	Andersson
佐野	G.K	Bergquist

TOTALS

F.K	C.K	G.K	P.K		P.K	G.K	C.K	F.K
11	5	23	0	TOTALS	0	13	10	5

NOTE:−

ベンチが記録した当日の試合の記録用紙　日本のゴールキックの数と敵が得たコーナーキックの数を見ても、日本が攻められ続けたことがわかる。NOTE欄には喜びの言葉が躍る（写真提供：川本章夫氏）

選手は皆、こぶしを握りしめて空に突き上げた。だが、見上げた八月の空は鉛色の雲に覆われ、彼らを照らす太陽は見えない。そこに青空は広がっていなかったのである――。

写真には「万歳！留守軍」と記されていることから、祝杯を挙げる東京の大日本蹴球協会の面々か（写真提供：川本章夫氏）

第四章◉戦火の彼方へ

消えた聖火

東洋の島国に負けたスウェーデン代表はすぐに帰国したが、優勝を信じていたストックホルムの市民たちが怒りのあまり駅に待ち受けていることを知り、一駅手前で下車して車で家に帰ったという話が残っている。

一方、勝った日本はスウェーデン戦の二日後イタリア代表と戦って〇対八という大差で負け、大会を去った。この敗戦の結果を見て日本の第一戦の勝利が「奇跡」だったかといえばそうではない。緒戦で力を出し切り、疲労が癒えることがなかったのが全てだ。加茂健は足を負傷しており、肘を骨折した堀江忠男は出場できなかった。現代の代表チームのよ

ベスト8をかけたイタリア戦。疲れの癒えぬまま日本代表は大差で敗れる。左は竹内悌三（写真提供：川本章夫氏）

うにサブが充実している時代ではないから、中二日でさらに上を目指すことは酷といえる。しかもイタリアは結果的に優勝チームとなる強豪だった。選手層も厚く、日本よりも個人技に勝るイタリアに日本は局面の一対一で勝てなかった。前半は何とか持ちこたえたが、後半力尽き、総崩れとなったのだ。だが、ベストコンディションだったら結果は違っていたと悔しがる選手も多かったし、それは事実だったはずだ。

この大会の開かれた年を境に歴史は大きく転回し、日本と日本サッカーの行く手には暗雲が立ち込める。選手達を待っていたのは、グラウンドの上の戦いではなかった。

オリンピック翌年の昭和十二年(一九三七)七月七日、盧溝橋事件をきっかけに日中は全面戦争へと突入し、政府は事変後、満州、朝鮮より華北への派兵を決め、この月の終わりには華北総攻撃を開始した。十二月には日本軍は南京を占領する。

三年後に東京で開催される予定のオリンピックに陰りが出たのはこの年かもしれない。

開催年の昭和十五年(一九四〇)は、神武天皇即位から二六〇〇年にあたるとされ、すでに日本政府は「紀元二千六百年祝典準備委員会」を発足させている。こうした紀元二千六百年式典の一環としてオリンピック東京大会は位置づけられていた。文部大臣はラジオ放送で「わが日本の列強間における正しい地位を認識すること」など「国民の覚悟」を説き、お祭り気分を諫め、オリンピックに国家観念や武士道精神を持ち込む。

東京オリンピックは平和の祭典という概念からは初めから逸脱しており、そこに軍部の影がちらつく。馬術チームへは陸軍から現役将校七名が出場する予定であったが、まずそれが軍によって取り消された。支那事変の進展からみて好ましくない、というのが理由だった。議会でも、戦争に勝利して一日も早く非常時打開に努めるのが先決であり、オリンピックは取りやめにすべきではないかという議論になった。

新聞は「オリンピック中止」の記事を一斉に書き、内外に大きな衝撃を与えた。これに対して東京市は準備状況を逐一報告し、大会中止の風評を否定する。こうしたことも含め、オリンピック委員会は日本を「オリンピック競技を純スポーツ的立場から離れて政治的に利用しすぎないか」と警戒した。

同じ年の秋、東京会館である結婚式が行われた。

式にはベルリンオリンピックに出場した川本泰三など選手のほか、鈴木重義監督、竹腰重丸、工藤孝一両コーチ、マネージャーの小野卓爾がベルリンオリンピックの紺のブレザーを着て出席した。

新郎は竹内悌三、新婦は君島れい子——。悌三の妻となった女性は女学校を総代で卒業した才媛で大柄な美人だった。悌三は見合いの席で相手を一目で気に入り、ハンサムなスポーツマンの悌三もれい子にとって理想の相手であった。れい子の母方の父も帝大を出て日本銀行に入り、国内の支店長を歴任したあと本店局長だったから祖父同士が金融畑という縁組でもあり、誰もがうらやむ幸福な結婚だった。

結婚式の翌年、悌三とれい子の間に女の子が生まれる。娘は、幹子《もとこ》、と名付けられた。ディアナ・ダービン主演の『オーケストラの少女』が空前の観客数を記録し、渡辺はま子の『支那の夜』が流行したその年のこと。前年には日中戦争が始まり、翌年にはナチス・ドイツがポーランドに侵攻して第二次世界大戦が始まる。だから彼女は、激動の時代の狭間に生まれた子であったともいえる。

幹子は幼い頃、細くてきゃしゃな、体の弱い女の子だったという。

のちに照明デザイナーとして精力的に世界中を飛び回る姿を知り、小学校時代から彼女を知る友人は「あのモコがねえ。すぐくたびれていたのに良くまあ元気で」と驚くという。

「この子は小学校までちゃんと生きられるのだろうか、私はそんなふうに親から思われていたんだそうです」

本人はそう語る。小学校まで生きられるか、とまで言われた少女は、駒込の広いお屋敷で大切に育てられた。悌三も身体は丈夫ではなかったから、自分の弱いところも受け継いだ幼い娘の姿がいじらしく、誰よりも愛おしかったはずだ。

東京オリンピック開催まであと二年――。悌三は、蹴球準備委員会審判部次長・技術部委員として再び日本サッカーと共に世界と戦うことも決まっていた。

だが、日中戦争は長期化の様相を呈し、満州事変以来日本の中国進出を警戒する欧米諸国と日本の関係は急速に悪化の一途をたどる。この年の三月、カイロにおけるオリンピック委員会で交戦国での大会開催反対をとなえる声が諸国から上がった。

オリンピックは開催されるのか、否か――。こうした状況の中、四月にはサッカー界が明るいニュースで湧いた。海外遠征で日本にやって来たイングランドの強豪クラブチーム、コリンシャンスを相手に日本が四対〇で完勝したのだ。

日本はベルリンの代表選手に次世代の選手たちを加えたチームで、攻守にわたって相手を圧倒した。この結果はベルリンの日本の勝利に懐疑的だった世間を黙らせる。日本サッカーはベルリンオリンピックを経て確実に力をつけ、このまま東京でオリンピックが開催されれば、日本は充分に世界を驚かす存在となったはずだった。

だがわずか三カ月後の七月十五日、日本サッカーの夢は断たれてしまう。東京オリンピックの大会返上が正式に決定されたのだ。選手はもちろん、ずっと支え続けてきたサッカー関係者の失望はどれほどのものだったのだろう。しかもこれは悲劇のほんの序章に過ぎなかった。

昭和十五年（一九四〇）、日本はドイツ、イタリアとの間に日独伊三国同盟を結ぶ。

この背景には、中国から撤退しない日本に対し、アメリカが航空機用燃料や鉄鋼の対日輸出の制限をおこなったことがある。日本にしてみれば戦争の長期化は欧米による中国に対する軍事援助のせいだった。続いて日本が仏領インドシナへ進駐して打開を図ると、アメリカは石油輸出全面禁止の経済封鎖によって日本を追いこんでいった。

幹子が三歳になった十六年（四一）、ハワイ・オアフ島のアメリカ軍基地への奇襲攻撃でついに太平洋戦争が始まる。

戦火の拡大を心配した悌三は駒込から板橋区の常盤台へ一家を連れて移り住んだ。

「そこは広いお庭の大きなお屋敷で、池も築山もありました。東は家庭菜園で、西は竹林。応接間の外には洋風の池があり、居間の前の広縁には藤棚があって春になると藤の花が咲きました。防空壕もありましたね」

彼女は話す時、穏やかな声でおっとりと話す。

「私は甘やかされて育ったお嬢様だったんです」そう言って微笑んだ。

「父にとって初めてできた子どもですからね。母は、お父ちゃまが生きていたら、とんでもないぐうたらなお嬢さまになっていたはずだと言っておりました」

体も弱く外へ出ることは許されなかった幹子は、大勢の使用人に囲まれ、絵本を眺めたり庭のブランコに乗ったりして、ほとんど一人で遊んで過ごした。

やがて幹子には弟が生まれる。子宝に恵まれ、戦時下ではあったにせよ悌三とれい子は幸福の絶頂だったに違いない。会社から帰ると悌三が着替えもせず、庭で遊ぶ幹子を抱き上げた、というのはこの頃のことだ。

悌三は幼い幹子をこよなく愛し、よく手をつないでは幼稚園まで送った。

「父は女の子ならお茶の水、男の子は教育大（現・筑波大）の附属へと考えていたようです。それで幼稚園の試験は父が連れていって、ボールを投げたら的に当たったと母に自慢して、幹子はよくやった、あれは絶対に入れるよなんて言っていたそうなんですね」

お茶の水女子大学附属幼稚園は大塚にあり、当時は東京女子師範学校附属幼稚園と呼ばれていた。送っていくといっても、常盤台からは電車を乗り継いでいかなければならない。

悌三は、娘と東上線の常盤台駅まで歩き、そこから電車に乗って池袋に出て路面電車に乗りかえた。幼稚園まで行って娘を先生に託したあとは、また電車に乗って職場のある呉服橋まで行く、そんな日々だった。帰りは常盤台に何人か住んでいた友達のお母さんと一緒に帰った。やがて消滅することになる東京の、走る路面電車の中から父と見た街の景色や、一緒に話したことはもう遠い記憶の彼方である。

営業関係の部署であった悌三は比較的朝は出社時間が自由だったのかもしれないが、娘が可愛くて仕方がなかったに違いない。手をつなぎ、幼い娘の歩調に合わせてゆっくりと歩く朝のひと時は、悌三にとって何よりも楽しい時間だったはずだ。

「一度、幼稚園の帰りに父の職場に行ったことがあるんです」

その当時を彼女は懐かしそうに振り返る。もう一人の弟を身ごもっていた母に代わって、古くからいたお手伝いさんが幹子を迎えに来た時のことだ。

自宅の庭で最愛の家族とともに写真に収まる竹内悌三。左はまだ幼い幹子（写真提供：石井幹子氏）

「お父ちゃまの会社にこれから行きますって、そう言われて私は大変喜んで父の会社に行ったんです。今はもうありませんけれど、近くに運河があって、昔の丸ビルみたいな建物でしたね」

隅田川からの運河が大きく曲がるあたりに悌三が働く東京火災保険株式会社はあり、その社屋は河面に美しく映っていた。常盤橋と呉服橋の二つの橋も当時は風情のある橋で、その近くにあった社屋は、東京駅を設計した辰野金吾の手によるものだ。

幹子はお手伝いさんと路面電車を降りると、父の会社に入った。

「立派なタイル貼りの建物の中に入ると父が階段を降りてきて、よく来たと言って喜んでくれました」

小さな娘の手を引いて、悌三は会社の中の

食堂に連れていってくれたのだという。

「そこで、フルーツコンポートのようなものをご馳走してくれたんです。プリンとアイスクリームみたいなものだったんでしょうね。私が食べるのをにこにこと見ておりました」

後に彼女が照明デザイナーとして成功してからのことであるが、竹内悌三の娘と知って、満州で父と一緒に過ごした人が手紙をくれたことがある。昭和二十年の二月から数カ月、悌三が陸軍の経理部幹部候補生として学科訓練を受けていたその時の仲間だ。

手紙には、悌三が毛布を巻いたワラ布団の上に座り、仲間達に「これは、俺の娘だ」と言って娘の写真を見せた、と書かれている。「学校にはまだ間のある、きりっとした立ち姿の娘さんでした」と手紙にはあった。

「きっとそれは私が七五三の時に撮った写真だったのだと思います」

彼女が見せてくれた幼い頃の写真は、どれも切れ長の目で微笑んでいる可愛いらしい写真ばかりだ。悌三にとっては目の中に入れても痛くない、そんな娘であったことがわかる。

「母に言わせますと、弟たちはなにしろ男の子ですからスパルタ教育で、サッカーを教えて選手にする、と意気込んでいたそうです。でも女の子は全く別だと言って、私を可愛がってくれたんです」

一枚の小さな古い写真には傾斜した土手のような草の上で母と座るおかっぱ頭の幼い娘が写っている。父がサッカーをする姿を見たことはないが、日曜日になるとよく母に連れられてどこかのグラウンドに行った、と彼女は回想する。そのサッカー観戦の日の一枚なのだ。

「父はプレーヤーとしてサッカーをしていたのではありません。たぶん審判やコーチのようなことをしていたのだと思います」

彼女はそう言った。いつのことであろうか、親子三人で仲良く弁当を食べた後に草の上に腹ばいになり、若き日の父が自らシャッターを押した一枚かもしれない。

このことに関して、帝大サッカー部の先輩でもあり、ベルリンオリンピックのコーチだった竹腰は、戦後、サッカー協会の機関紙の中で「竹内悌三君を想ふ」と題した文にこう書いている。

「――竹内悌三君は、卒業後十九年の応召までの間、地方勤務の期間を除いては関東協会或は関東大学リーグに審判関係や技術指導の面で絶えず役員として努力した。

他に都合つく審判員が得られない時は彼自身相当名レフェリーの名を得ながら所謂《いわゆる》大試合でない試合の審判を買って出たり、審判や技術の講習会を計画しては細部にわたる企画を克明に自分で記述してこの案では如何と我々に相談を持ちかけてきたものである
――」

竹内悌三が戦友たちに見せていた幹子の写真（写真提供：石井幹子氏）

東京オリンピックは夢と消えたが、悌三のサッカーへの情熱は冷めることはなかったことがこの記述でよくわかる。だから「大試合でない試合の審判を買って出たり」したことで、休日に娘と遊ぶ約束を反故にしてしまったのかもしれない。

自分の審判をする姿を幼い娘に見せても仕方がないが、考えた末に娘をグラウンドに連れてきたのだ。悌三について書かれたどの資料を読んでも、真面目で律儀な人柄を称賛するものばかりである。そんな夫のことをきっと妻は温かく見守っていたに違いない。

「グラウンドは今みたいに芝などではありませんから、土埃がもうもうとたっていて、父の姿も何も見えないほどでした」

そう娘は回想する。

土埃の向こうにかすむ父の背は、やがて硝煙の彼方に消える父との永遠の別れを暗示していたのかもしれない。なぜならば、父と娘が手をつないで幼稚園へ通う幸福な日々は、わずか一年しか続かなかったからだ——。

餓島、墓島

悌三とともにベルリンに行った仲間のうち戦争の最初の犠牲者となったのは、帝大時代の後輩〝マゴ〟高橋豊二だった。彼の祖父、高橋是清は二・二六事件で暗殺されている。

本大会前の練習試合には出たがスウェーデン戦では控えだったフォワードの高橋はオリンピックの後、大学を卒業して海軍に入隊し航空予備学生となった。だが、開戦の前の年の昭和十五年（一九四〇）三月、館山海軍航空隊で訓練中の事故によって殉死してしま

ブーゲンビル島で非業の死を遂げた右近徳太郎（石井幹子氏提供の写真より）

ガダルカナル島で最後の突撃に消えた松永行。写真は母校志田中でのオリンピック壮行会（静岡県立藤枝東高等学校提供の写真より）

う。

高橋に続き、選手達は次々と出征した。堀江と川本は陸軍歩兵として満州へ、加茂健はフィリピン・ミンダナオ島へ野砲連隊の一員として、コーチの竹腰は海軍士官としてそれぞれ戦地に赴いた。他の選手たちも同じだ。戦争がなければ輝かしい東京オリンピックが戦いの場だったはずの彼等を待っていたのは、理不尽な運命であった。

開戦当初は連戦連勝だった日本は、次第にアメリカの圧倒的な物量と経済力の前に力を失ってゆく。連合艦隊司令長官・山本五十六が開戦前に近衛首相に日米戦争の見込みを問われ、「是非やれと言われれば半年や一年は暴れてご覧に入れるが――」そう言って日米両国の力を冷静に見て極力戦争を避けるように提言した恐れが現実になりつつあった。

長期化すれば勝ち目のないことを知っていた山本司令長官の言葉通り、戦いは次第に悲惨な様相を呈し、航空機、艦船、そして尊い命を数多く失い、泥沼にはまってゆく。

その太平洋における戦争で、餓島《がとう》、墓島《ぼとう》と囁かれた島がある。

餓島はガダルカナル島、墓島はブーゲンビル島を指し、二つの島はいずれもソロモン諸島にある美しい島だ。地図で見るとオーストラリアの北東、パプアニューギニアの東の南太平洋に浮かぶ島々だ。ガダルカナル島が餓島と呼ばれたのは、補給路をアメリカ軍によって絶たれ、言語に絶する飢餓の中で三万人に及ぶ若者たちが餓死した島だからだ。

そして墓島と呼ばれたブーゲンビル島はガダルカナル島と同じ激しい飢餓の中、米軍を足止めするために二年以上もゲリラ戦を続けたあげく、兵の九割に及ぶ四万人近くの若者が飢餓やマラリアで命を失った激戦地となる。

その〝餓島〟に松永行は送りこまれ、〝墓島〟には右近徳太郎がいた。皮肉なことに二人ともスウェーデン相手に得点をして逆転勝ちをした立役者たちだった。

松永が出征したのはベルリンオリンピックの三年後のことで、日本海軍がミッドウェーでアメリカ機動部隊に大敗して多くの主要艦を失い、戦況が不利に傾いた年に〝餓島〟に送りこまれた。

第二機関銃中隊の中隊長を務めた彼は、笑顔を絶やさずユーモアに溢れた人柄で、部下から慕われたという。ガダルカナルで大隊長が戦死した後は、その後任を務めた。最後まで松永と行動を共にした部下、池谷博啓氏は、平成十二年（二〇〇〇）にお会いした際、ガダルカナルに上陸前の松永の隊の様子をこう語ってくれた。

「私達松永中隊は南シナ、香港、ジャワと連戦連勝で大きな戦果をあげてきました。だから自分たちの間では、スマトラの浜での上陸訓練がどうもガダルカナルという島の上陸のためらしいという噂はありましたが、その島がどんなところなのか誰も知らなかったし、特別何とも思ってもいませんでした」

ガダルカナルに上陸するまでの日本軍にはまだ楽観的な空気があった。とあるエピソードを、池谷氏は懐かしそうに振り返った。

「ジャワやスマトラで、私らは松永中隊長とサッカーをしたことがありました」

松永の中隊は静岡出身者が多く、ボールを蹴ったことのある者は一人や二人ではない。松永の出身校、静岡県立志太中（現・静岡県立藤枝東高等学校）の後輩もいた。ある時オランダ軍の残したサッカーボールを兵が見つけると、松永はジャングルの開けた場所にロープでラインを作らせ、兵を集めてボールを蹴らせたのだという。中隊長がオリンピックのサッカー日本代表だったことは皆知っている。兵たちがボールを追っている姿をにこにこ笑って見ていた松永が戯れにボールをドリブルしてみると、もちろんそのボールは誰も取れなかった。

松永は静岡では松永三兄弟と呼ばれ、サッカーに長けた弟たちがいた。弟の信夫と碩は戦後に日本代表になる。そして弟のほかに優しい姉、いつ子がいた。姉に松永は「戦争が終わったらもう一度欧州へ行ってサッカーを勉強したい」といつも語っていた。

松永が逆転ゴールを決めてベスト8へ進んだあと、日本は大敗する。だが、それは実力で負けたのではなく、疲れが全く癒えぬまま、けが人を抱えての敗戦だった。それが松永にはくやしくてたまらなかったのだ。松永はオリンピックから戻って「オリンピック蹴球の回顧」という文を『体育と競技』に寄せている。その文の最後には熱血漢でもあった彼の熱い思いがつづられている。

「――前述のごとく精神方面においては断然世界レベル以上だ。して又スピードを持ったショートパスにおいてもレベル以上だ。このショートパスに関してドイツのある解説者は、これだけは日本より学んだと言っている。これだ、ショートパスの速攻法をあくまでも伸ばし、これに加えるに遅攻法をとり、緩急よろしくを得てはじめて日本蹴球の完成の時は来るのであると同時に、この時こそ世界の蹴球覇者たり王者たる時なのである。個人技を琢磨せよ、これこそ日本人に与えられた唯一の課題なのである——」

平成十二年（二〇〇〇）にいつ子さんにお会いした時、いつの頃だったか、と前置きをして、弟が軍服姿で家に戻った時の様子をこう語ってくれた。

二人は桜の下を並んで歩き、松永の母校のグラウンドに行った。グラウンドでは後輩たちがボールを蹴っていた。松永はぴかぴかに磨かれた長靴を履いていて、転がってきたボールを、高く蹴りあげたのだという。姉が弟のサッカーをする姿を見たのはこの時が初めてであった。そんな弟は、別れの前夜、持っていた銃を見せ「最後の弾は自決の時に使えるようにとっておくんだぜ」とつぶやいた。急に怖くなった姉は「そんなことを言うのはやめなさい」と叱ったのだという。

静岡駅で最後の別れの時、せめて笑顔で送り出そうと姉が窓越しに大きく手を振ると、走り出した汽車の窓の向こうで松永はじっと姉を見つめていた。それが姉が弟を見た最後となった。松永のサッカーの夢が叶うことはなかったのである。

スマトラでの訓練を終え、松永が中隊を引き連れてガダルカナル島に上陸したのは昭和十七年（一九四二）の十一月五日で、深夜に胸まで水に浸かる上陸作戦だった。その目的は八月にアメリカ軍に奪われた飛行場を奪い返すことだった。

だが、この時点でもガダルカナル島がどういう状況にあるのか誰も知らない。夜が明けて砂浜で松永たちは信じられない光景を目にする。池谷氏はその時のことをこう語った。

「私たちが見たのは、帯剣すらなくて服はぼろぼろになった乞食同然の敗残兵の姿でした。彼らは私たちの所に来ると、煙草をねだり、何か食べ物はないかと聞き――」

ある兵は味方のリュックを奪って逃げたのだと池谷氏は言った。だがその姿はじきに自分たちがたどる姿であったのだ、とも。

一万を超えるアメリカ軍の上陸部隊によって壊滅した日本軍守備隊は、飛行場の建設を終えた時点で敵の上陸を翌年以降と想定しており、その戦闘員はアメリカ軍の十分の一に満たなかったともいわれる。敗残兵に戦闘能力はなく、松永が上陸した十一月以降の援軍はアメリカ軍の攻撃を受けて全て引き返している。この当時、制空権はすでにアメリカ軍に掌握されており、日本の戦闘機は姿もない。援軍として投入されたはずの松永たちは、完全に孤立した状態に置かれ、地図すらないこの地獄の島で過ごすことになったのだ。

その戦いはこれまでのものとは全く違った。なにしろ、開戦当時の日本陸軍の軍事訓練は対ソビエト、あるいは中国を想定しており、大陸の広大な原野での戦いが前提だった。南方のジャングル戦など全く想定していなかったし、驚くべきことに陸軍ではこの時期になって「アメリカ」との戦いを念頭に置いた訓練がようやく始まったのだった。

「食料は現地調達」が、机上の作戦を考えた参謀の基本的な考えであった。もちろん南の島を見たことなどはなかったはずだ。もともと島民が日々の糧を得るのがせいいっぱいの島々に送り込まれた若者たちに充分な食糧などはどこにもなかった。馬も現地調達とされたが、来てみれば馬などおらず、ぬかるみにはまった重い砲を曳くのは言語に絶する作業だった。そこでの戦いを池谷氏はこう語る。

「なにしろ、敵の姿なんて見えないんです。私たちは雨でぬかるんだジャングルにたこつぼを掘り、形ばかりの屋根を作ってそこに隠れ住んでいました。雨が降れば体の芯までずぶ濡れですし、雨が上がっても陽が入らない。びしょ濡れのまま艦砲射撃をじっと耐えるしかないんです。敵の姿も見えないのに一方的にやられる、機関銃なんて撃てない。そうした中で仲間達はどんどん死んでゆきました」

一度上陸したアメリカ軍は、日本軍の激しい抵抗を受け、海上の艦船に引き上げて島を包囲し、そこから艦砲射撃を繰り返していた。日本軍にとっては見えない敵に向かって一発大砲を撃てば、その位置めがけて千倍の砲弾が飛んでくる、煮炊きの煙も上げられない、そういう未知の戦いだった。

何より悲惨だったのは、谷を流れる水を飲んだ若者たちが次々に赤痢に倒れたことだ。しかも食料を備蓄してある糧秣庫は四〇キロ離れた岬にあり、そこに行こうとすれば途中の開けた場所で猛烈な攻撃にさらされる。池谷氏のいる松永機関銃中隊の仕事は、遠く離れた糧秣庫へわずかばかりの食糧を取りにゆくことであった。その食料は潜水艦が細々と補給をしたものだった。

次々と赤痢に倒れ砲撃で傷ついた若者たちを、松永はただ元気づけてやることしかできなかったという。薬も食料も尽き、ネズミやトカゲすらいない。パパイヤの幹、コブラや草を食べた兵は次から次へと病に倒れた。人は何も食べないと一カ月で死ぬともいわれる。上陸して一月もすると、自分たちもまた、あの日浜で見た兵の姿になっていた。それでも松永は餓死した兵士の飯盒に水を入れ、乾パンで満たして抱かせてやったのだと池谷氏は語る。その乾パンは自らも喉から手がでるほど欲しい貴重な食料であった。

「私たちの楽しみは夜、夢を見ることだけでした」

立ち上がることのできる者も少なく、もはや戦闘どころではない。そこら中で空の飯盒を持った若者たちが死んでいた。だが、司令部への撤退の願いも聞き入れられることはない。

机上の作戦を立てている者にしてみれば、空腹や病気など想像もつかない話だった。上陸して二カ月になろうとした十二月二十九日の晩、池谷氏は糧秣庫から戻ったばかりで、松永からもう一度糧秣庫へ行くように命じられる。

「私は大声で怒鳴りたい気持ちを抑えるのがやっとでした。死ぬ思いで帰ってきたばかりでしたから」

その月明かりに浮かんだ松永の顔を、池谷氏は忘れられないと言う。

「できることなら自分が行ってやりたいのだ――」

そう言う松永の顔は優しかった。

「私はもう、うなずくしかありませんでした。中隊長は私の手を握り、頼むぞと言いました。そして私は兵を率いて再び遠い岬に辿りつきましたが、そこで砲撃にやられたのです」

傷つき、部隊に戻ったのは年も明けた一月である。残っているのは動けない兵ばかりだった。松永は、立って歩くことしかできない病気の兵たちを率いて、アメリカ軍の陣地があるアウステン山に最後の突撃に向かったあとであった。その松永にしても空腹を抱え、痩せさらばえて歩くのがやっとだったはずなのだ。

「松永さんは歳の若い自分らを死なせたくなくて、糧秣庫に行かせたんだと思います」

そう言って池谷氏は涙を拭った。

スウェーデン相手に最後の突撃をした松永に、戦略なき無謀な戦いは奇跡を起こさなかった。故郷で待つ姉のもとに届いた骨壺には、石ころが一つ入っていただけだという。

一方、右近の赴いたブーゲンビル島も続いて同じ運命をたどることになる。

ブーゲンビル島はガダルカナル島の北西に位置し、それほど離れてはいない。深いジャングルと二〇〇〇メートル級の山がつらなる険しい地形の島は、マラリヤやチフスの病原体が蔓延しているという最悪の条件を備えていた。〝餓島〟の陥落に続いてアメリカ軍の標的となったのはその島だった。ブーゲンビルはスペルをそのまま読むとボーゲンビルで、当時はそう呼ばれていた。墓島という名はそこからも来ている。

アメリカ軍は日本軍が予想もしていなかった地点から島へ易々と上陸した。圧倒的な兵力と兵器で激しく攻撃して日本軍を壊滅させ、飛行場を建設すると、そこを飛び立った航空機は連日空爆によってジャングルに潜んだ若者たちを殺戮した。

ブーゲンビル島の日本軍の戦いの目的はその航空基地の制圧にあったが、アメリカ軍にとってみれば、ガダルカナル同様補給路を断ち、兵の餓死を待てばよかったのである。こうして島は餓島同様の末路を辿り、〝墓島〟と呼ばれることになる。

雨の多いブーゲンビルでは、ジャングルの移動は、歩けば泥濘に膝まで沈む有様だったという。若者たちはまたたくまに赤痢になり、食料は尽き果てる。そこに追い討ちをかけたのは、蚊を媒体としたマラリアの猛威であった。そんな守備隊に司令部から届いた命令は、「全員玉砕せよ」という簡潔なものだった。だが、死んでしまっては何の意味もない。守備隊が選んだ道はゲリラ戦で、アメリカ軍をこの島に足止めすることであった。

その願いは聞き入れられたものの、戦いは二年続き、いっそのこと玉砕した方がましだったという思いが兵たちのあいだに広がる。ジャングルの木々の間では長い三八式歩兵銃はただ邪魔なだけで、餓えと病気によって体力は失われ、若者たちは皆、気力だけで幽鬼のようにジャングルをさまようしかなかった。

「軍記も勅語も戦陣訓も、百万遍の精神訓話も、餓えの前では全然無価値だった」

そう語る生存者は師団の中将を務めた人物だ。餓えの前で、兵たちはただの生ける屍と化したのだった。生還したある兵は、この島の戦いをテレビ局の特集番組の中でこう語った。

「自分たちはただの将棋の駒でした。それも歩です」

戦略なき作戦の犠牲となった尊い命は、故郷に残された母にとってはかけがえのない愛しい息子であり、家族にとっては夫であり、父であった。彼らは皆、遠い南の島で捨石にされたのである。

ジャングルで長くゲリラ戦を続けていた〝墓島〟の守備隊が最後の突撃をしたのは、昭和十九年（一九四四）の三月。その理由は簡単だ。食糧が完全に途絶えるのが三月だったからだった。

右近がこの島でどう戦ったのか記録は残されていない。だが、三月に戦死したことになっているからこの最後の突撃だったのかもしれない。一説では餓死とも伝えられている。ベルリンで獅子奮迅の活躍をした無尽蔵の体力と気力も尽き果て、最後は哀れにも骨と皮ばかりの姿であったことだけは想像に難くない。ジャングルで死んだ若者たちの身体には猛烈な蛆が湧いたという。日本サッカーの至宝であった一人の天才は孤島でその生涯を閉じる。

のちに墓島で右近が死んだことを知った田辺製薬社長の〝治太はん〟田辺五兵衛は、「もう一度、大好きだったアイスクリームを食べさせてあげたかった」と語っている。

右近は出征直前に、大東亜大会に日本代表として参加した。それが彼にとっての最後のサッカーであった。ポジションは左フルバックであったが、この試合を見た賀川浩氏は神戸で右近の中学の後輩にあたる。

「まるで何年もそのポジションの経験を持つかのようだった」と語る賀川氏は、その三年前の全国中学校選手権（現・高校選手権）に兄と出場した時、合宿で後に日本代表になる兄・太郎の足を懸命にマッサージしてくれた右近の優しい姿が忘れられないと語る。

　こうしてベルリンで貴重な勝利を手にした選手たちは、その全てを失い帰らぬ人となった。三人が生きていれば日本のサッカーどれほどに大きな影響を残しただろうか――。

母と見た映画

幹子の家から、父が去る日がやってきた。

幼稚園に幹子が通い出した年の四月には東京はアメリカ軍の爆撃機によって初の空襲を受けた。そして六月のミッドウェー海戦の敗北によって戦局はますます悪化してゆく。翌、昭和十八年（一九四三）の春には連合艦隊司令長官・山本五十六の乗った一式陸攻がブーゲンビル島の上空でアメリカ軍のP—38によって撃墜される。五月にはアッツ島で守備隊が全滅して初めて玉砕という言葉が使われた。

戦争は一握りの人間が始め、国民を駒として戦場に送りこむ。そこにそれぞれの人生が考慮されることなどはない。ましてやこの当時、戦争に赴くことは当たり前のことで抗うことなどできるはずもない。一枚の赤い紙——召集令状は不意に届き、戦場へと連れ去る非情な紙だった。幹子の愛する父のもとに赤紙が届いたのはこの年のこと。悌三、三十五歳の夏だった。その時のことを彼女はこう語る。

「子どもながらにも、戦争に行くということは大変なことで、それはよく覚えています。何か三日三晩、会社の人ですとか、親戚ですとか、もちろんサッカーの関係の方もいらしたんでしょうね。毎晩二階で宴会をしていました。つまり、別れの宴会ですね」

その時の写真の中に幼い幹子もいる。

父を中心に集合した多くの人たちの前に娘も座って微笑んでいる。賑やかな宴会の中にあって、きっと父が戦地に行く、という意味まではわからなかったのかもしれない。そして、まだ幼い娘は大好きな父が帰ってくることを疑ってはいなかった。

幹子の写った写真はどれも笑顔の写真ばかりだ。そんな中にあってただ一枚、彼女が笑っていない写真がある。それは父が出征する日に門の前で撮った最後の一枚だ。

軍服を着て立つ父を囲んで立つ家族や親戚の顔にも笑顔はない。二人の弟達の手には小さな日章旗が握られ、おかっぱ頭の幹子もまた母の作ったワンピースを着て小旗を握り、その目は不安そうにカメラを見つめている。

「私一人だけが、もう片方の手でしっかりと父の手を握っているんです。駅まで見送った記憶はありませんから、きっとこの門の前で別れたのでしょうね」

毎朝手をつないで幼稚園へと向かったその門の前で、幹子は父の手を握りしめた。その小さな手の温もりを、父はいつまでも覚えていたに違いない。

最愛の娘と別れ、初年兵として軍隊に入営した悌三を待っていたのは、理不尽で厳しい訓練の

竹内悌三が家族と別れ、出征していった日の写真。常盤台の家の門の前に集まった家族と親族。幹子一人が父の手を握っている（写真提供：石井幹子氏）

日々であったはずだ。初年兵は朝五時の起床ラッパから夜八時の就寝ラッパまで緊張が続き、ビンタとシゴキによる制裁は理由もなく日常的に繰り返される。食事の時間も短く、芋を洗うような入浴時間はわずか五分だ。

当時、召集された年齢は十七歳から四十歳までだから、三十五歳だった悌三は若くはない。自分よりもはるかに若い古参兵による屈辱に満ちた理不尽な扱いは、オリンピック代表選手であってもそれが考慮されることなどなかったはずだ。むしろそれが古参兵の知るところになれば陰湿ないじめの種になったことすらあったかもしれない。

悌三にとってこうした日常は誰よりも苦痛だった。少しあとに悌三はこの時のことを「人生で最低の時だった」と戦友にもらしたという。

幹子は一度だけ、父に会っている。

悌三は昭和十九年（一九四四）には世田谷区谷東部第一〇部隊にいた。母の残した手記によれば八月十三日の午後に幹子と弟たちを連れて面会に行っている。

「――闇米と小豆でおはぎなどを作り、五才と二才と、一才の子どもを背負って会いにゆきました。暑い夏の午後、時間が経つのも早く、別れて遠ざかる後ろ姿を見送るうちに、帽子を被らずに脇に挟んでいたところを上官に見とがめられたらしく、慌てて敬礼をして去っていったのが、私の見た夫の、最後の姿でした」

そう回想している。これは幹子にとっても最後に見た父の姿であった。

満州に配属された竹内悌三は、甲種幹部候補生として選抜試験に合格。後列右から二人目が竹内悌三（写真提供：石井幹子氏）

司令部直轄の警備部隊に入営した竹内悌三（写真提供：石井幹子氏）

悌三はこの後満州へ配属されてゆく。ベルリンの仲間である松永の死や、右近が飢餓にあえいでいたことなどもちろん知る由もない。

アメリカ軍は、ソロモン諸島に続きマリアナ諸島の攻略を着々と進めた。

それは日本本土爆撃の空軍基地を建設するための作戦で、飛び石作戦と呼ばれる。アメリカ軍は点々と離れた石の上を飛ぶように太平洋を北上して日本に迫ってきたのだ。この年の七月にはサイパン島守備隊が玉砕し、あとは硫黄島を陥落させれば東京まで余裕を持って爆撃機が往復出来る態勢が整いつつあった。

満州に配属された悌三は、甲種幹部候補生としての選抜試験に合格する。

難関の甲種は将校の候補生で、乙種幹部候補生は下士官となる。日々の軍隊生活の中で勉強を重ね、三〇倍の倍率を超える難関を突破した甲幹は誰ものあこがれだった。

召集されてから二年後、終戦の年となる昭和二十年（一九四五）の二月に、悌三は関東軍第五軍所属の経理部幹部候補生として司令部直轄の警備部隊に入営する。ここで学科訓練を受けたあと、終戦の二カ月前には、第一七野戦貨物廠、満州第二六四四部隊の兵長となり経理部幹部候補生としての訓練を終えた。仲間に幼い幹子の晴れ着の写真を見せ「俺の娘だ」と自慢したのはこの頃のこと。その悌三に「もうすぐ家族を呼べるではないか」と戦友は声をかけたという。満州で司令部の将校となれば内地から家族を呼び一緒に暮らすこともできた。戦後、幹子が照明デザイナーとして成功した時、竹内悌三の娘と知った戦友たちから手紙が届き、こうした満州での父の姿を幹子が知ったのは先に書いたとおりだ。

「竹内は高齢にもかかわらず精神体力とも並々ならぬものがあった」

そうも手紙には書かれている。また、防具をつけて銃剣を構えれば、人をよせつけない威厳があったとも。このまま終戦となればまた家族のもとへ帰れたはずであったが、運命はそうはならなかった。


父悌三が出征してほどなく、幹子は母方の遠縁である茨城県の石毛村（現・常総市）に母と二人の弟と共に疎開し、そこで小学校一年生になった。友達の使う方言はわからなかったが、いつでもお屋敷の中にいた幹子にとって、水を張った田んぼの細いあぜ道を歩いて学校へ通うのは楽しかったという。

だが、この頃、日本を取り巻く戦況はますます逼迫する。

昭和二十年（一九四五）三月、硫黄島守備隊が玉砕。サイパン島に続き、飛行場を手に入れたアメリカ軍はそこを足がかりにして日本本土を爆撃した。同じ月には東京大空襲が行われ、一晩で一〇万人以上が犠牲となった。

ヨーロッパではソ連軍が四月にベルリン侵攻を開始し、総統地下壕でヒトラーが自殺、五月にはドイツは連合国に降伏する。この市街戦でブランデンブルグ門を残して市街は廃墟となり、ヒトラーの五十歳の誕生日を祝って華やかなパレードが通った門の下を、七月には連合国の将軍たちが行進した。そして、八月六日、日本では広島に原子爆弾が投下され、九日には長崎も焦土となる。人類が経験したことのない新型爆弾はピカドンと呼ばれた。ピカッと光ってドンと音がする――それは一瞬の閃光で人も街も消え去る恐ろしい核兵器の名となった。生き残った人々も放射能による後遺症に長く苦しむことになる。

八月十五日、幹子は疎開先の家の母屋のラジオで天皇陛下の声を聞いた。玉音放送は雑音も多く、もちろん意味などわからない。

「戦争が終わったのよ」

母はそうつぶやいた。それを聞いて幹子は嬉しかったことだけを覚えている。

(お父ちゃまが帰ってくる――)

幼い少女はそう思って胸を躍らせた。

日本の無条件降伏によって太平洋戦争は終わった。

戦争の末期、数多くの若者たちが実戦経験はおろか充分な訓練を積むこともなく特攻作戦に投入され続けた。戦闘機や人間魚雷、航空機から切り離され敵艦に突っ込むロケット、果てはベニヤ板で出来た小型ボートや布張りの練習機まで駆り出され、その尊い命のほとんどは敵艦に到達することすらなく、海の藻屑と消えた。それは日本が初めて体験する「敗戦」に向け、アメリカに一撃を加えて動揺させ、有利な講和条件を導く「一撃講和論」のもとに考えだされた非情な作戦だった。尊い彼等の最期を語る時、お国のために、愛する人のために、そういう言葉とともに特攻は美談にすり替えられ、無謀な作戦を考え出し、遂行した存在が語られることはほとんどない。実に一万四〇〇〇を超える命が特攻に散った。

八月三十日、厚木飛行場に連合国最高司令官マッカーサー元帥が降り立ち、総司令部のGHQ(General Headquarters)によって日本が連合国の占領下に置かれると、アジアを統合して大東亜共栄圏を作ろうという大日本帝国のスローガンは三一〇万人の犠牲者を出して消え去った。戦没者のうち、二〇〇万人近くは最後の一年間の死者の数だ。また、軍人の犠牲者はおよそ二三〇万人で、うち一四〇万人が餓死だったという信じ難い話もある。しかも戦後七〇年経ってなお、一一三万柱の遺骨が故郷に戻れないままだ。太平洋戦争とはそういう戦いだった。

幹子の父悌三は、満州の新京で終戦の日を迎えた。

八月九日未明、ソ連軍は突如満州になだれこんでくる。日ソ中立条約を一方的に破棄しての侵攻だった。満州を守る関東軍は完全に油断していた。その上戦争末期のこの頃、関東軍の過半数は南方戦線に引き抜かれ、兵力は七五万人とはいうものの、ほとんどが戦闘経験はなく、小銃すら行き渡っていないのが実情だった。

それに対してソ連軍は一六〇万を超える精鋭部隊と戦車を中心とした圧倒的な軍事力を誇り、関東軍の対ソ防御陣地は次々に破られ、満州はソ連軍によって蹂躙され尽くす。

九日に悌三は満州国宮廷符の警護を命じられ、その任についている。翌朝帰ってきた悌三は「ひどく疲れて見えた」と戦友の手紙にある。それが仲間が悌三を見た最後だった。

悌三が最後まで新京にいたかどうかはわからない。ソ連軍を迎えるために各部隊は前線に投入されたからだ。日本軍は満州全土で大戦車隊と戦闘機の機銃掃射によって大混乱のうちに敗走を重ね、八月十五日を迎える。

やがてソ連軍によって武装解除された日本軍の捕虜たちの移送が始まったのは二十三日のことだ。それは一つの部隊を一度解体して兵をシャッフルする目的もあった。日本へ帰れるのか、帰れないのか――。不安のうちに捕虜たちはひと月ほど収容所生活を送ったあと、シベリアへ続々と強制連行されていった。兵は誰もが汚れた服と無精ひげに覆われ、不安な目をしていた。幹子の父もまたその一人だった。

ソ連軍の侵攻によって満州で捕虜となりシベリアに強制連行された日本人の数は、六〇万人に及ぶというが、正確な数字は把握されていない。

捕虜たちは数千人単位に分けられ、貨車で続々とシベリアの奥地へと送られた。一車両に六〇人以上、家畜のように日本人をつめこんだ有蓋貨車は鉄格子に小さな窓がついただけの構造で、中央に頑丈な引き戸の鉄の扉があり、用便をするのもわずかばかりの食事の差し入れもこの一カ所からであったという話さえ残っている。

大勢を輸送したために汽車は前がつかえ、走っては止まるの繰り返しで、その苦しみに満ちた旅は一カ月も二カ月もかかった。走るうちにやがてシベリアの季節は冬となり、大地は野も山も白一色に染まった。

武装解除された時は皆半袖の夏服だった兵たちは冷えた車体を避け、体を寄せ合って暖をとるしかなく、煤煙にまみれた過酷な貨車の旅で息を引き取る者も多かった。わずかな停車中に外に出れば、機関銃を手にした監視のソ連兵が笑いを浮かべて「ヤポンスキー、ダモイ（帰国）」と繰り返す。脱走を企てた兵は容赦なく射殺された。

自分達がどこに向かっているのかなど、もちろん誰にもわからない。ダモイという言葉に半信半疑になりながらも、わずかな望みに希望をつないだ兵たちはやがて騙されたことを知る。彼らを待っていたのは、懐かしい故郷の山と海ではなく、マイナス三〇度を超す極寒の地と終わりのない重労働だった。

この六〇万人に近い数の捕虜が、なぜ帰国を許されずにシベリアに連れ去られたのかについては諸説ある。その一つは、終戦直後に、北海道の北半分の領有を主張したソ連のスターリンをアメリカのトルーマンが退け、怒ったスターリンが捕虜を労働力としてシベリアへ送ることを決めたというものだ。スターリンは十六日、日本人を捕虜として用いないとの命を出していたが、二日後に届いたトルーマンの返書のあとこれを翻し、日本人の列車移送を二十三日に始めている。時期は符合するが、真偽はもう闇の中だ。また、日本の大本営も合意の上だったという説まであるが確かめる術はない。いずれにせよ国によって招集された多くの人々は、帰国することなく歴史の犠牲となり、奴隷としてシベリアに送られたのだった。

悌三が収容所に送られる直前の抑留地は、ロシア側の死亡者名簿を見るとソ連との国境に近い地である「満州里」と記載されている。この満州里はベルリンへ向かう時にシベリア鉄道に乗り込んだ場所だ。あの日希望へと続いた夏の鉄路は雪に煙り、その行方を、悌三はいったいどんな気持ちで見つめたのであろうか。

シベリアに抑留されたベルリンの仲間には川本がいる。川本は八カ所の収容所を転々として四年を過ごし、奇跡的に生還した。その川本はイルクーツクの駅前の道路の補修作業にかり出された時のことを自伝でこう回想している。

「昭和十一年にベルリンへ行く途中、ここのプラットフォームから〝きれいだなぁ〟と思って眺めた記憶がある。それから十何年もたって、まさかこの景色のそばで円ピ（※シャベル）をふるうハメになろうとは……」

捕虜たちはぼろぼろの服を着た姿だ。あの日ブレザーに身を包んでこの駅に立った川本にとっては、その境遇の落差を呪わずにはいられなかっただろう。煙草やパンを乞う日本人捕虜たちに通行人は罵声を浴びせたという。

捕虜たちはいくつかのルートでシベリアへ送りこまれ、悌三がシベリアへ向かった満州里からはバイカリスクへ向かうルートと、アムール河を船で渡りハバロフスクへと向かうルートに分かれた。

悌三が送りこまれたのは、アムール州第二〇収容所という名の捕虜収容所だ。

シベリアの収容所の多くは鉄条網で囲まれた掘立小屋の集まりで、冬になれば外は零下四〇度にもなる。常に機関銃を持ったソ連兵が監視しているからもちろん脱走は出来ない。日の出は遅く落日は早い。夕方の五時になればもう真っ暗で、部屋に電燈などはない。燃やせばすすのひどい白樺の皮をペチカ（暖炉）にくべて明かりとし、暖をとるしかなかった収容所もあったという。

厳しいノルマが課せられた日々の仕事は、雪の中での鉄道の敷設から森林の伐採、露天炭鉱の石炭掘り、煉瓦作りとどれも身体を酷使する囚人のための重労働ばかりであった。

素手でうっかり鉄や氷を触れば手はへばりついて離れなくなり、三〇秒外気に素手を晒せば手は青白くなって指が固まり凍傷になる。そういう過酷な自然の中での重労働だった。捕虜たちの中では凍傷が続出した。

朝は起床ラッパで起きて粗末な食事をとり、作業場へ出発する。だが、食事といってもカーシャと呼ばれる高粱《こうりゃん》の粥一杯だ。その一杯でさえ、ひもじさが増すにつれ、かつて戦友だった仲間たちの間で互いの飯盒によそわれたわずかな量をめぐって言い争いが起き、罵声が飛ぶようになる。野菜などは皆無で、極度のビタミン不足と、黄疸になる者が続出した。生煮えの小豆で下痢をしてそのまま逝く兵も数多くいたという。

衛生状態は最悪で、数カ月洗っていないぼろ布のような服をペチカの前に干せば、虱や南京虫がはぜる音がした。すぐにそれは増え、痒さで眠れぬ夜が続く。死期が近づいた兵の身体からは虱が浮き、首から顔に群れたという。死者は日ごとに増え、今日は一〇人、明日は二〇人と、朝起きてみれば骸《むくろ》となった者が後を絶たない、そういう日々を捕虜たちは生きるしかない。死体を山の斜面に埋めようとすれば凍てついた凍土にシャベルはささらず、仕方なしにくぼみに寝かせて毛布をかければ、その毛布はソ連兵によってはぎとられたという。

そして、体が弱っても重労働が減るわけではない。ふらふらになりながらも、どこまでも続く真白な平原を寒さに震えながら、列をなして追い立てられてゆく。そのまつげは白く凍った。

「竹内は弱った仲間を助け、遠い場所のきつい作業があれば進んでそれを引き受けたに違いないと思います。そういう人でした」

満州で生き別れた戦友は、戦後幹子の母を訪ね、そう話した。

サッカーの日本代表として主将まで務めた男だ。体力も気力も責任感も人一倍強かったに違いない。だが、飢えと疲れ以上に、その責任感の強さが仇となったのかもしれない。

ある時川本は、隣の地区の収容所から移ってきた男から、そこにサッカーの有名な選手がいるという話を聞いた。

「――隣の地区といっても汽車で一昼夜近くかかるが、それがモクさんこと竹内悌三氏であったかどうか？　未だに確かめるすべもない。私とは学年が違うが、サッカーでは無論先輩で、温厚篤実な人であった。（中略）そのモクさんがシベリアで倒れたことを帰ってから知った。モクさんのシベリア生活は恐らく苦しみの連続であったに違いない。あの律義な性格が生き抜いてゆくためのむしろ障害になったのであろうことは想像にかたくない――」

苦しみの連続だったシベリア――悌三にとってそれはどんな日々だったのであろうか。ここで生きてゆくためには、要領と知恵が必要だったのかもしれない。だが、それは到底受け入れがたいものであったのだ。そして、悌三にとってそれはシベリアの抑留生活に限らず、軍隊そのものであったに違いない。生きるための葛藤がどれほど重荷となって悌三にのしかかったのだろうか。シベリアの最初の冬を越せなかった捕虜の数は一万を超す。悌三が亡くなったのは翌年の四月だ。春になれば雪の中から若葉が芽を出し、それを食べて命をつないだ者も多かった。だが悌三がそれを口にすることはなかった。そしてその死を、遠く離れた日本で待つ娘は知る由もなかったのである。

運よく焼けずに残った常盤台の家に幹子が戻ったのは、悌三が亡くなっていた昭和二十一年（一九四六）のことだ。前の年の九月には学童疎開令が解除され、小学生たちは学校へと戻ったが、幹子は母方の祖父母の疎開先である栃木県・塩原温泉に移り、しばらく大自然の中で暮らしていたのだった。

その当時を彼女は著書『LOVE THE LIGHT, LOVE THE LIFE』の中でこう回想している。

「――祖父は上の弟と私を連れてよく山歩きをしました。ときには美しい渓谷に案内してくれ、水源地をたどって木漏れ日の中の水辺で遊んだり、草原で赤とんぼを追いかけたりしたのでした。そんな時、峰にかかる雲が次々と形を変える様子を飽きもせずに眺めていました。

私の照明デザイナーとしての原風景は、美しかった常盤台の家と、石毛村の田園風景、そして塩原の渓谷と峰、雲なのではないか、と思っています――」

戦争は終わり、大自然は少女の心に感動を残した。そして、もうすぐ父が帰ってくる。

(帰ってきたら、ここで見た水辺や草原のこと、赤とんぼのことを話そう)

きっとそう思っていたに違いない。体の弱かった自分が元気に山や川を遊び歩いていたことを話したら、お父ちゃまはどんなにびっくりするだろう、とも。

戦前は東京女子師範学校の附属幼稚園へ通っていたから、幹子は常盤台の家に戻って復学すると、その附属小学校へ通い始めた。大塚にある小学校まで東上線と路面電車を乗り継いで通うのは大変であったという。近所に住む友達の「ばあやさん」が付き添ってくれて通った。それは父と通った道でもある。

だが、戦争が終わったというのに父はまだ戻らない。満州から彼女に宛てて送られた何枚かの葉書が残されているだけで消息は全く不明のままだった。

美しい自然の風景の中から「焼け跡」という現実の世界に放り込まれた彼女であったが、それはしかし全く別のインパクトを少女の心に残した。

前出の著書の中で彼女はこうも回想する。

「――通学の行き帰りに見たもの全てに興味がひかれました。駅前にはたくさんの露店が並び、いろいろな食料品が売られていたし、焼け跡のあちこちでは木造の家が建築中でした。木の柱を立てて筋交いを入れ、屋根をかけてゆく工事に目を見張ったり、大きな映画の看板を上手に描くペンキ屋さんの手さばきに見とれたり、さまざまな物を作っている店の中をのぞき込んだりしました。町は復興の活気にあふれ、小学生だった私にもその熱気が伝わってきました。そのころから物をつくったり、建築したりすることに興味があったのです――」

焼け跡に町や人の暮らしが再生していく様子は少女の心をとらえた。世の中は混沌としてはいたが、彼女から見れば、人が人の手で何もないところから何かを作りだしてゆく感動がいたるところにあった。

そして変化は目に見えるものだけではない。連合国によって日本の民主化が急速に進められ、前年の十月にＧＨＱは「人権指令」を発し、続いて五大改革指令を出す。その最初にうたっているのは、女性の解放と参政権の付与だった。日本の民主化を急いだ背景は、日本が軍国主義に走った理由として日本に民主主義がなかったからだと連合国が考えたからだった。

衆議院議員選挙法が改正公布され、幹子が東京に戻った年の春には、戦後初の総選挙で三九名の女性が当選、国会には着物を着た女性議員がずらりと並んだ。婦人警官が登場したのもこの頃である。世の中はどこも復興の勢いがあり、戦地から続々と引揚者が帰国してくると、混沌とした中にも人々に笑顔が戻りつつあった。

女性が社会の中心を担ってゆく男女同権の黎明期に、幹子もまた多感な時期を過ごしてゆくことになる。おかっぱだった髪は三つ編みとなり、悌三の手を握って別れを惜しんだあの頃より背もぐんと伸びていった。

幹子が小学校四年生になったある日のこと、一人の男が常盤台の家の門を叩いた。ぼろぼろの軍服を着た痩せた男であった。彼は、父悌三とシベリアの収容所で一緒だった戦友で、抑留生活を生き延び、帰国して間もなく遠路はるばる家を訪ねてきてくれたのである。彼が持ってきたのは父がシベリアで亡くなったという悲しい知らせだった。

「父は一兵卒として軍隊に行ったあと、陸軍の経理学校に入りなおしたようで――ですから最前線ではないと思うのですが、終戦で捕虜としてシベリアに抑留されて、そこで栄養失調で衰弱して亡くなっていたんです」

そう幹子は語る。戦争が終わった翌年の四月十二日、日本ではすでに桜が散る季節に父は遠いシベリアの大地の土深くに埋められていたのだ。彼女のもとには、父が戦地から送った四枚の葉書だけが残された。それは幼い娘が読めるようにと全てカナ文字で書かれた軍事郵便だ。

「まだ若かった母は、ショックで三日間くらい雨戸も閉めっきりでした。夫を失い、この先子どもを三人も抱えてどうしようかと、悲嘆にくれたと思います。でも、私は父が亡くなったとは信じられませんでした。もしかしたらどこかで生きていて、いつかきっと帰ってくるとずっと思っていたんです」

葉書を胸に、家の門が開いて父が帰ってくるその音を、娘はずっと待ち続けたのだという。

「だって、必ず帰ってくると思っていましたから」

そう言った瞬間、不意に彼女の目から涙が落ちた。

父が死んだという知らせが来ても、娘は待ち続けた。夜、寝床の中で耳を澄まし、息をひそめて待っていたのである。誰よりも自分を愛してくれた人がその門を開ける音を。


一家は常盤台の邸宅を売り払い、豊島区の小さな住宅に引っ越した。

父の死に続いて、大好きだった家との別れは幹子にとって大きなショックだった。あの日父と最後の写真を撮ったこの門を見ることはもうない。そう思うと深い悲しみに襲われた。

小学校の高学年になると、幹子は学校では図書委員になり、図書館に入り浸る。

何かを作る、表現するということに興味が出てきたのはこの頃のことだという。挿絵つきの童話を書いたり、校内に咲いていたキンモクセイの花や月桂樹の葉から香水を作ろうとしてみたりもした。木の上に部屋を作る計画を立てたり、描いたポスターは学外のコンクールで入賞した。体は弱くて運動は苦手でも、内に秘めていた創造のエネルギーはこの頃から徐々に外に向かってその光を発し始めていたのだった。

そんなある日、母は幹子を連れて映画を観に行った。

煙草の匂いのする満員の映画館で母と並んで座ると、やがて音楽が鳴り、スクリーンにはOLYMPIAの大きな文字が映し出された。ギリシャの古代遺跡と競技者とをオーバーラップさせた長いイメージショットが続き、五輪の輪が浮き上がる――映画の題名は『民族の祭典』だった。

女性監督のレニー・リーフェンシュタールが一九三六年のベルリン・オリンピックを記録した戦前の映画で、この時は再上映だった。

幹子は人の頭の間から目を凝らして画面を見つめた。やがて始まった入場行進のどこかに父がいる気がしたのである。画面に日の丸が映し出されると、観客の口からどよめきの声がもれる。ギリシャ、イギリスに続いて日本の選手団は三番目に登場したが、旗手と選手の先頭がわずかに映っただけで、あっと思った時にはもうアメリカの選手団の入場に変わってしまった。

映画に記録されている競技は陸上競技ばかりで、サッカーはなかった。

「それでも母は私にこの映画を見せたかったのだと思います」

映画はほとんど覚えてはいない。だが、亡き父が出場したオリンピックの入場行進は圧倒的な迫力をもって銀幕から迫り、大観衆の中の一人としてそこにいる錯覚を覚えた。日本とヘルシングボリの試合の花束贈呈の話が舞い込んできたのはこの頃のことだった。

第五章◉光の花束

シベリア横断鉄道に揺られて

昭和四十年（一九六五）七月。一人の女性が船の甲板に立ち、青く輝く海を見つめていた。彼女――幹子にとって、それは初めての海外への旅だった。父の手を握り、門の前で別れてからすでに二〇年以上の月日が流れている。母に見送られ、横浜港からソ連船船公団の貨客船「バイカル号」に乗り込んだ彼女は、その出発の日のことを著書『LOVE THE LIGHT, LOVE THE LIFE』の序文でこう書いている。

「――私は横浜からナホトカへ向かう船でフィンランドに旅立ちました。陽光きらめく夏の日で、海は青く空は晴れ渡っていました。そのあと続く、私の光の旅の始まりでした」

彼女の北欧への旅の目的は、照明器具のデザインを働きながら学ぶことにあった。

日本は東京オリンピックの開催された翌年で高度経済成長の真っただ中にあったが、この当時女性が一人で海外へ旅することなどほとんどない。ましてやその旅はナホトカからシベリア横断鉄道で一昼夜汽車に揺られ、ハバロフスクから飛行機でモスクワに飛んだあと、再び汽車に揺られるという長旅だ。

ヨーロッパへ行くには南周りで何カ月もかけて船で行くか、高額な航空運賃を払って飛行機で行くしかない時代で、彼女が大学生の時に再開されたシベリア横断鉄道の旅は、最も安くすむヨーロッパへの交通手段だった。旅費は学生時代のバイトと、就職して働いて貯めたぎりぎりの金で捻出した。

幹子の乗った船はナホトカまで二日かけて到着する。ナホトカは日本海に面した港町だ。船から降りた彼女は、ワンピースにカーディガンという軽装で、荷物は旅行鞄一つだったという。身体が丈夫でなかった幹子は、少女の頃は図書室に入りびたり、高校時代に美術館で見たインダストリアルデザインに魅せられ、工業デザイナーを目指して芸大へと進んだ。

当時女性の専門的な仕事といえば、教師か医者くらいしかない時代のことで、ましてや工業デザイナーなど雲をつかむような話だ。それでも芸大の学生時代にバイトをしていた銀座のデザイン事務所に就職をし、その仕事を現実のものとした。

働き始めて少したった頃、自分でデザインした照明器具のテストによって、彼女は器具ではなく〝光〟そのものに魅せられる。その出会いは前述の本をはじめとした彼女の多くの著作に見ることができるが、光によって物の形や表情が変わるという発見は、のちに照明デザイナーとなる彼女にとって運命的な出会いだった。

そして、さらに運命的な出会いは続く。それは一冊の本だ。

本は、スカンディナビア・ドメスティック・デザインという名で、日本橋の丸善で見つけたその本には、デンマークやスウェーデン、フィンランドのデザイナーたちの手による、北欧の美しい家具や食器がカラー写真で紹介されていた。

「それは、ため息が出るほど素敵な本でした」

今も大切に持っている本のことを彼女はそう表現した。月給が一万八〇〇〇円の時、七〇〇〇円もする豪華本であったが、彼女はこれを迷うことなく抱えてレジへと急いだ。

ページをめくるたびに北欧への憧れはますます強くなってゆき、どうしてもその地へ留学をしてみたいと考えるようになる。だが、当時北欧への留学制度はない。その上、海外へ持ち出せるお金は五〇〇ドルで、それは給料の一〇カ月分である。家賃も払って生活をしようとしたら三カ月しかもたない。

残る選択肢は、そこで働きながら照明器具のデザインを学ぶということだった。

その本の中で自分が好きなデザインの多くはリーサ・ヨハンソン・パッペというフィンランドの女性デザイナーの作品であった。本によって、パッペが照明器具メーカーのチーフデザイナーであることを知る。

（――この人に頼んでみよう）

アルバイトをしてた時の作品や働いてから手がけた製品の写真を集め、幹子はきちんとした装幀の作品集を作り、箱に収めた。これに手紙を添えてそのデザイナーに送るのだ。フィンランドは長くスウェーデンに支配された歴史を持っており、公用語はスウェーデン語だ。幹子は仕事の合間にスウェーデン語を学んでいた。それには理由がある。彼女の中には、少女の頃から、その北欧の国の名がずっと存在していたという。

「いつかスウェーデンに行ってみたい、私はそう思っていたんです」

母が父の想い出を語る時、必ずベルリンオリンピックの話になった。だから父が戦った国の名はいつしか特別な響きを持って彼女の心に刻みこまれてゆく。幼い頃、彼女にとっての〝外国〟はスウェーデンだったのだ。

幹子は大学を卒業して『スウェーデン語四週間』という語学入門の本を買う。

「でも四週間では覚えられるわけもありません。そこでこの本の著者で外務省にいらした先生に手紙を書いて、学校を問い合わせたのです」

だが、当時スウェーデン語を学ぶには学校や講習などはなかった。著者自身が北欧を目指す若者を教えていた。彼女は本の著者からスウェーデン語を学んだ。幹子はこうして覚えたスウェーデン語でパッペに手紙を書いたのだった。

「私はどうしても北欧で照明器具のデザインを勉強したいのです。あなたを本で知り、作品に感動しました。私はあなたを大変尊敬しております。ぜひともアシスタントで雇っていただけないでしょうか？　英語と、簡単な日常会話のスウェーデン語を話せます、そう私は書いて厚かましくも自分を売り込んだのです」

幹子が手紙を添えた作品集をフィンランドに送って二カ月半が過ぎた頃、家の郵便受けにエアメールが届く。封を切ると、それはパッペ本人からの手紙だった。

「作品を見ました。あなたを時給五マルカで雇いましょう」

そこにはそう書かれていた。給料は日本円に直してみると五倍以上の金額だ。ストックマン・オルノ社――それがフィンランドで彼女を待つ勤め先の名だった。

ナホトカで船を降りた彼女はここからシベリア鉄道でヨーロッパを目指す。

かつてこの港の拡張工事にはシベリアに抑留された日本兵の捕虜も多く参加し、六〇万人近い捕虜たちがここから日本へと帰っていった。だが、五万人以上はついにその船に乗って故郷へ帰ることはできなかった。父もその一人だった。

幹子はその地から一人、シベリア横断鉄道へと乗り込んだ。それは若き日の父が希望を抱いてヨーロッパを目指した同じ鉄路へと続く。車窓から見る初めてのシベリアの大地はどこまで行っても緑の草原であった。

流れゆく草原の緑は美しく、そして悲しかった。シベリアは父悌三が深い絶望の中で生涯を終えた地でもあるのだ。このどこかで父が生き、眠っているのだと想うと、幹子は胸が熱くなり、何度も涙で緑が霞んだ。

「窓の外の草原には花が咲いていていて心が安らぎました。でも、私の父が亡くなったのは四月ですから、ああ、父はこの花を見ることはなかったんだな――そんなことを何度も思いました」

若き日の父と変わらぬ年頃に成長した娘が同じ鉄道でヨーロッパを目指す。偶然とはいえ、そこには不思議な運命の存在がある。なぜならば、この旅は数十年の時を経て再びあのベルリンの地へたどり着くことになるからだ。

「長く生きてきて、どうも父がそばにいて見守ってくれている、そう考えずにはいられないことが何度もあったんです」

彼女はそう語ったことがある。成長した娘の姿を見ることもなく逝った父は、一路夢に向かってひた走る娘をこの大地のどこかで見守っていたのかもしれない。

そして、父の中にあったフロンティア精神は、娘にも受け継がれていた。遠く離れた北欧への一人旅について、彼女は何の不安もなかった、と言う。

「その頃の日本は、雨が降ればどぶが溢れて道がぬかるんでしまい、冬はこたつです。そんな自分の暮らしを思えば、話に聞くヨーロッパは、はるかに豊かなわけです。ですから不安なんて全くありませんでた」

若い女性の長い一人旅であったが、その夢と希望の前には大陸を横断する苦労などは始めから眼中になかった。

フィンランドのヘルシンキ駅に着くと、幹子はその足で地図を片手にストックマン・オルノ社のデザインルームを訪ねた。そこはヘルシンキの中心街のストックマン百貨店の別館の中にあった。建物は築後一〇〇年は経っていると思われる褐色のレンガ貼りで、窓にはバルコニーがあり、屋根には尖塔があるクラシックなスタイルだった。

（パッペさんはいったいどんな人だろう）

緊張しながらオフィスを訪ねると、照明デザイン室に通された。

パッペは、豊かな赤毛を無造作にまとめ、製図板に向かっていたという。おそるおそる声をかけると、彼女は振り返り、溢れんばかりの笑みで幹子を迎えた。その時パッペは五十七歳で、フィンランドの青い空のような淡いブルーの目が印象的だったと彼女は語る。

この日から彼女は幹子の先生になった。パッペ先生は照明デザイン室のスタッフを一人一人を紹介してくれたが、一万キロ近い旅路を超えて一人ここにやってきた日本人の娘をスタッフは心待ちにしてくれていていた。

パッペ先生のもとで仕事が始まると、デザインのやり方は日本とそれほど変わりはなく、むしろゆったりとしていた。幹子は照明器具の模型を作ったり、図面化したりという仕事をパッペ先生の指示に従って忠実に行う日々であったという。

彼女は仕事だけでなく、立ち振る舞いや人との接し方まで母親のように時には厳しく幹子を育ててくれた。そのパッペ先生は、幹子の作品集をすぐに会社の上層部に見せ、ここで働けるように会社を熱心に説得してくれたのだということを幹子はあとで知った。単身北欧にやってきた幹子を誰よりも愛してくれたのもまた、厳しいパッペ先生だったのである。

年が変わって昭和四一年（一九六六）二月、幹子は厳寒の海を越え、念願のスウェーデンへと渡る。スウェーデンのイエテボリで開催される北欧照明見本市を手伝いに行くためだった。それは

ストックマン・オルノ社の恩師であるデザイナー、リーサ・ヨハンソン・パッペと若き日の石井幹子（写真提供：石井幹子氏）

テキスタイル（織物）の女性デザイナーとパッペ先生が二人展を開くための準備も兼ねており、織物の作品にパッペ先生の照明器具の光をあてるという企画だった。

初めてやってきたスウェーデンでは、宿泊するホテルの部屋に補助ベッドを用意してもらい、幹子は二人の大先輩たちと一〇日間、毎日寝食を共にした。

一緒の部屋で、あるいはホテルのレストランで、彼女はデザインのことだけではなく政治経済や国際問題まで幅広い内容の二人の会話を聞く。デザイナーにはデザインの腕だけでない高い教養も必要であることを知ったのはこの時だ。そして話は女性としての生き方にも及び、その中でパッペ先生もまた、戦争の被害者であったことを語ってくれた。

フィンランドは第二次世界大戦中、国境を超えてくるソ連兵と戦うために多くの男は義勇兵、女は看護師を志願した。パッペ先生はその時、国境にあった民家で看護師をして傷ついた兵士の看護のために働いていたのだという。

「その時、私は一人のドイツ軍将校と恋に落ちました。私たちは周囲の反対を押し切って結婚したのです」

パッペ先生は幹子にそう教えてくれた。

やがて彼女は子どもを身籠るのだが、その顔を夫が見ることはなかった。

「夫はその後西部戦線に行き、戦死したのです。それが私が娘を一人で育ててきた理由です」

彼女は夫を愛し、二度と結婚をすることはなかった。

父親が戦争の犠牲になり、娘が母親に育てられる。その娘は幹子と同じ境遇であり、パッペ先生の姿は故郷の母に重なった。

「私の父も、シベリアから戻りませんでした」

オリンピック代表選手だった父のこと、その父との別れを幹子が話すと、先生の青い目には涙が浮かび、温かい手が自分の手の上に重ねられた。日本からこんなにも遠く離れた北欧の地でも、戦争で深く傷ついた人がいる——。戦争の虚しさを語り明かす北欧の夜は、幹子にとって生涯忘れることのできない夜になった。


その年の春、幹子は休暇をとってドイツへと旅立つ。ヘルシンキから汽車を乗り継いでの旅だった。彼女はこう回想する。

「パッペ先生の二人展のオープニングパーティで、私は一人のドイツ人照明デザイナーと出会いました」

そのドイツ人照明デザイナーはリヒト・イム・ラウムという名の照明デザイン会社の社長で、名をハンス・ディンネビアといった。

「ディンネビアさんは、ご自分の作品の写真を私に見せ、ぜひドイツに見に来るようにとおっしゃいました。その作品の写真は小さな照明器具ではなく、劇場のロビーの空間を照らす壁一面に広がる光のオブジェでした」

パッペ先生のもとで照明器具のデザインの多くを学んだ幹子にとって、広い建築空間の中で光を多く使った作品の写真は新鮮で、魅力的だった、という。

ドイツへやってきた幹子を迎えたディンネビアは、自分の作品があるドルトムントの市立劇場に彼女を連れていった。

その時の印象を、著書『LOVE THE LIGHT,LOVE THE LIFE』の中にこう書いている。

「そのロビーを見て、目を見張りました。『なんて素晴らしい光の空間なのだろう!』大きな吹き抜けの壁いっぱいにちりばめられた星雲のような光、そしてそれらを反射する対面した大きなガラス面の光が一体となって、素晴らしい光の空間を作っていたのです。

それは照明器具という〝小さな世界〟の中に入っていた私が、生涯の仕事にしている建築空間の光の世界に飛び込んだ瞬間でした」

そしてディンネビアから一緒に働かないか、と声をかけられたのだった。パッペ先生のもとではすでに多くのことを学んだ。新たに進むべき道を見つけた幹子は、フィンランドに戻るとパッペ先生に全てを話し、リヒト・イム・ラウム社への転職の希望を話す。幹子の話をうなずきながら聞き終えた彼女は、

「モトコはいろいろな勉強をした方がいいでしょう」

そう言って幹子のドイツ行きを賛成してくれたのだった。

「フィンランドの美しい夏を見ないでモトコが行ってしまうのは残念だけど」

そう彼女は言葉を添えた。

遠い極東の国から手紙を送り、自分のもとへやってきた愛弟子なのだ。その幹子を手放すのは惜しかったに違いない。だが、若い彼女が自ら見つけた未来への希望をパッペ先生は尊重し、そっと背中を押してくれたのだった。

こうして幹子の新たな光の旅は、昭和四一年（一九六六）の夏に始まった。遠く離れた日本ではビートルズが来日して空前のエレキブームに若者が浮かれていた、そんな時代のことだ。フォークソングも「バラが咲いた」も、この年生まれた交通戦争という言葉も彼女は知らない。

ドイツで働いた頃のことを、前述の著書の中でこう書いている。

「――ディンネビアさんは私の仕事が気に入ったようで、次々といいプロジェクトを任されました。彼と全体構成を話した後、私がたくさんのスケッチを出します。その中から彼が選んだものを私がまた図面にし、製作を担当するエンジニアや職人さんが、その図面を見て検討してから、製作が始まります。同じ建物の中に組立を担当する工程があって、『マイスター（※職人の親方の総称）』と呼ばれる年配の親方がいました。この親方から器具の作り方や組み立て方を教わり、中年のエンジニアからは、電気の配線や電気的なチェックの仕方などを習いました――」

この頃手がけた彼女の作品は、現在も南ドイツの古都、ビュルツブルクの市立劇場のロビーに残っている。それは直径四メートルの大きなシャンデリア三台で、透明なガラス球の中に小さな電球を入れたものをシャボンの泡のように集めた美しいデザインだ。

このドイツ滞在中、幹子は三カ月間だけベルリンのアパートに住んだことがある。目的は芸術工科大学で学ぶためだ。ベルリンはオリンピックが開催されたスタジアムもあり、戦前に父がスウェーデンと戦うために訪れた特別な地でもある。

そこに、娘は一人でやってきた。父が歩いたかもしれない舗道を歩き、父が見たかもしれない風景を目に焼き付けた。そのベルリンで幹子は〝門〟と出会う。幹子は三十歳になっていた。

城郭都市だったベルリンには一八の関税門があり、唯一残っていたのが一八世紀前半に建てられたその門だった。古典様式の門は高さ二六メートル、幅は六五メートルを超える巨大な門で、その頂点にはクアドリガと呼ばれる四頭馬車と勝利の女神ヴィクトリアが遠くを見据えている。古い絵画にも描かれているその門と女神像は、長い歴史の証人でもあった。

門の名をブランデンブルグ門という。

「ブランデンブルグ門の造形は、極めてインパクトがありました」

門を見上げた時の印象を、彼女はそう表現した。

「当時、ベルリンはとても怖いところでした。高い壁で囲まれていて、夜寝ていると連合軍の戦車が走る音が響いてくる――そのたびに東西で何か起きたのではないか、と思いました。ブランデンブルグ門は高い石の壁のその向こうに上の部分だけを見せて建っていたのです」

彼女が見たのは門の全てでない。鉛色の空をバックに建つクアドリガと女神のシルエットだったのだ。

高さ三メートルの石の壁は、一つの街を東と西とに分け、一五五キロという長さにわたって西ベルリンをぐるりと囲み、東ドイツから西ドイツへ人が流出するのを防いでいた。壁は東ドイツと西ドイツとの国境に建っていたのではない。当時の西ベルリンは東ドイツの中に取り残されるようにして存在した街だった。

第二次世界大戦が終わったあと、ドイツは東と西とに分割された。ソ連の統治した東ドイツと、アメリカ、イギリス、フランスの連合国によって統治された西ドイツだ。南北に分断された朝鮮半島の悲劇のように、ドイツもまた、戦争によって文字通り引き裂かれた。

初めはブランデンブルグ門の下を行き交う車や人にまじって東ドイツ国民の西への流出が続いていた。それが一九六一年の八月十三日に突如壁の建設が始まり、ブランデンブルグ門は通行禁止になって周辺は無人地帯と化したのだった。

その街のことを幹子はこう語る。

「西ベルリンには、テンペルホフとティーゲルという二つの空港がありました。物資は二つのその空港に大空輸作戦で運ばれていました。なぜかというと鉄道は使えないし、アウトバーンは検問が厳しかったですから」

第二次世界大戦が終わって二〇年が過ぎていたとはいえ、冷戦という新たな緊張は続いていた。そしてオレンジやバナナをはじめとした食料など、西側の豊かな物資は東の国民に見せつける目的もあった。

「壁はところどころ高くなっていて、階段がありました。昇ってみると向こう側が見えるんです。鉄条網のある緩衝地帯の向こうには東の壁があり、兵士が見張っていました」

ベルリンの壁が出来たのは、幹子がドイツにやってくる五年前のことだ。ドイツで知り合った友人からは、親族が壁を超えようとして射殺された生々しい話を聞かされたという。

「その当時、テルガモン博物館は東側にありまして、そこに行っている間は、大変な緊張でした。何かあったら帰れないのではと――」

この門が壁の崩壊とともに姿を現すのはまだ二〇年以上後のことだ。それからさらに時を経て幹子は再びこの門の前に立つことになる。

東京タワー

東日本大震災から一カ月後の平成二十三年（二〇一一）四月十一日、灯りの消えた東京タワーの大展望台の窓に一三個の文字が点灯した。

——ＧＡＮＢＡＲＯ ＮＩＰＰＯＮ——

平成元年（一九八九）の正月にライトアップが始まって以来、東京のランドマークとして輝き続けてきたタワーからの、それは暗闇に浮かぶ光のメッセージだった。

もともと東京タワー自体のライトアップは一時間に三〇〇〇円程度という低コストで済むよう照明設計されている。だが、この時の光文字は、震災と同時に開発された新しい発電システムによるものだ。タワーの足元にあるクレープ店のテントの上に取りつけられた一六畳ほどの太陽光発電装置は、一枚がビニールの下敷きほどの薄さを持っており、一晩で三キロワットの電気を使うことができる。

三菱ケミカルが開発して製品化したばかりのこのパネルに目をつけ、光の文字を計画したのはこの東京タワーのライトアップを手掛けた幹子だ。彼女にとって、その場で電気を作り出し、より少ない電力で照らすことは長年のテーマでもあった。それを彼女は〝創エネ、省エネ〟と呼ぶ。

　ドイツから帰国した幹子は照明デザイナーなど日本に存在しない時代、大阪万博で手掛けたいくつものパビリオンの照明設計などによって大成功を収め、時代の潮流に乗った。だが、その成功もオイルショックによって一瞬にして水泡に帰す。その時、真っ先にスケープゴートとなったのは〝照明〟であり、夜の街からは明かりが消えた。彼女に来る仕事と言えば、自分が設計した建築照明の作品から電球を間引くものばかりだったという。

　この頃から彼女は、仕事の合間に全国のランドマークを光で照らす〝ライトアップキャラバン〟を始めている。ライトアップという言葉すらない時代、京都の二条城を皮切りに自費で電源車とライト機材を調達し、数百カ所をライトアップして写真に収め、集まった人からアンケートをとり続

東日本大震災の翌月、東京タワーの大展望台の窓に点灯した13個の光の文字「GANBARO NIPPON」（写真提供：石井幹子氏）

FIFA女子ワールドカップの決勝進出を果たした「なでしこジャパン」を応援するため、東京タワーがブルーのダイヤモンドヴェールに染め上げられた（写真提供：© 東京タワー）

けるという地道な旅だった。無理解と偏見の中、横浜の開港記念館のライトアップが仕事として舞い込んだのは実に八年後のこと。以来、浅草寺、東京タワー、レインボーブリッジと、次々に日本にライトアップが誕生した。

一見大きな電力を消費しそうに見えるライトアップに綿密なコスト計算があるのは、オイルショックによって辛酸を舐めた彼女の経験が大きい。オイルショック以来の世を挙げての節電の中、あえて東京タワーに光文字を夜空に浮かび上がらせたのは、こうしたエネルギーの未来に対する彼女からの一つの提言であったとも言える。東日本を襲った未曽有の大災害による電力危機は、危機であると同時に、電気の未来を国民一人一人に突きつけ、考えざるを得ない初めての機会でもあった。幹子が培ってきた経験こそは、まさに時代が求めている光の行方を照らしてみせるものだった。

日本全体が不安にかられ、悲しみも癒えないこの年の夏、東京タワーは青と白の光のダイヤモンドヴェールに包まれる。これはドイツ・フランクフルトで行われているFIFA女子ワールドカップのなでしこジャパンを応援するためのものだった。

選手の中には東日本出身の選手もいて、彼女たちの活躍による七月一七日のワールドカップ優勝は、東北の人々はもちろん日本中を元気づける結果となる。選手たち自身も日本から送られた東京タワーのダイヤモンドヴェールの写真に勇気をもらった。

ベルリンオリンピックの亡き選手達が、日本の女性たちのドイツでの活躍を見たらどれほど驚くことであろうか――。

一方、メキシコオリンピック以来二八年間オリンピックに出場できなかった男子サッカーは、平成八年（一九九六）のアトランタオリンピックから参加常連国となり、一九九八年のフランス大会以来、ワールドカップへも連続出場を果たしている。これは一九九三年から始まったJリーグによって日本サッカーが着実にレベルアップを遂げたことが大きい。選手たちは海外のクラブチームに移籍して脚光を浴びるのが今では当然のようになった。

幹子はまた、こうしたプロサッカーのために数カ所のサッカー競技場のライティングにも積極的にかかわっている。

横浜国際競技場では、遠くからでも試合が行われていることをアピールするために夜空にVサインを照射するというスケールの大きなライティングを実現させた。試合前はサポーターも参加者として観客席に投光して熱気を盛り上げ、試合開始と同時に消灯して観客の意識をドラマチックにグラウンドに集中させる――。そうしたナイターにおける光の考え方をサッカー場に持ち込んだのは日本では幹子が初めてだった。

東京タワーと、サッカー競技場と。日本サッカーの未来を想い続けていた父の遺志を、娘は光で受け継いだ、とも言える。

実は、竹内悌三は日本で初めてナイターの試合を経験したサッカー選手の一人だ。

それはベルリンオリンピックを終えた日本代表チームがスイスのチューリヒに立ち寄った時の

横浜国際競技場（神奈川県）で石井幹子が夜空に描いた光のＶサインは、スケールの大きな初の試みだった（写真提供：石井幹子氏）

日仏交流150年を記念してパリで行われた光のイベント（2008年）。パリでは前例のない大型照明スペクタクルによる「光のメッセージ」は大きな話題となった（写真提供：石井幹子氏）

こと、代表チームはここでグラスホッパー・チューリヒというクラブチームと練習試合を行っている。その試合の場がナイター施設のある競技場だったのだ。川本泰三はボールを白く塗って月明かりでドリブル練習をしたという逸話の持ち主だが、この時の悌三をはじめとした選手たちの驚きはどれほど大きなものだったのか——。

オリンピックのあと一人ヨーロッパに残って欧州諸国のサッカーを観戦して貴重なレポートを残した悌三にとって、当然このスイスでのナイターゲームは未来のサッカーの形として記憶に刻まれたに違いない。サッカー場の夜間照明は、昼間学校に通ったり会社で働いている人々が夜サッカーを観戦し、あるいはプレーを楽しむための設備だ。つまり日常の暮らしの中にサッカーが根ざしていることを意味している。

それは当時の日本にはまだあり得ない姿であった。その光の記憶のＤＮＡが娘に受け継がれたと考えても不思議ではない。少女の頃、競技場に一人で立った幹子が、〝光の花束〟を携えてベルリンの地に立つことになるのは、東日本大震災の年の秋のこと。父がベルリンオリンピックを戦ってから七五年という歳月が流れていた。

エピローグ　雨のブランデンブルグ門

السلام
МИР
pokój
tinchlik
שלום
和平
paċi
fred
Hòa bình
शान्ति
paqu

pau
spokoj
paix
pace
mier
ειρήνη
平和
vrede
síochain
rauha
амгалан
béke

二〇一一年九月八日、ベルリン――。

秋雨が煙る中、ブランデンブルグ門の前ではライトアップのリハーサルが始まろうとしていた。門の前に運び込まれた一六台のLED投光器『LEDS FOCUS』は、テストをする間もなくギリギリで日本から送りこまれたもので、広場に組んだ高い足場の上にそれは並んでいる。

東京・目黒に本社を構えるスタンレー電気に、そのLED投光器の発注が舞い込んだのはこの年の春のこと。目的はベルリンのブランデンブルグ門の上にある女神像と四頭馬車――クアドリガをライトアップするというものだった。

創業が大正九年（一九二〇）の同社は、特殊電球の開発の世界ではフロンティア的な存在だ。ブランデンブルグ門でのライトアップには太陽光発電を使い、少ない電力のLED投光器の使用によって消費する電気エネルギーを抑えるという計画だった。

スタンレー電気は、その高い技術力と実績を買われたが、仕事を引き受けたものの、問題は山積していた。まず、六〇メートルも離れた場所から門の上の対象物を照らすには光量が必要で、しかもピンポイントで光を当てるためには、光の広がる角度を三度の狭角（※広角の逆）に抑えなければならない。なにより美しくライトアップするにはムラのない均一な明るさが絶対条件だった。そんな条件を満たすLED投光器は存在しない。

「なければ、手探りで作るしかない」

開発者はまだ若い青年たちが中心だったが、失敗は許されない。時間がない上に電圧の違う海外での使用である。数えきれぬほどの試作と検証が不眠不休で続けられ、それは本番直前まで終わることはなかった。

一方、ライトアップのための電源の供給には、移動式の発電施設『ライフイノベーションコンテナ』を使用することが決まっていた。これは、コンテナの屋根の上にある太陽光パネルを使って発電した電気を鉛蓄電池に蓄えて電力を供給するシステムだ。パナソニックが開発したこの発電施設は、東日本大震災で南三陸町で使われた実績を持ち、このイベントへの協力要請をパナソニックが快諾してドイツ入りが実現した。

全作業の陣頭指揮をとっているイベントのプロデューサーは日本人女性で、名前をリーサ明理という。「明理」と書いて「あかり」と読む。彼女はパリで照明デザイナーとして独立し、ノートルダム寺院のライトアップなどを手掛け、平成二〇年（二〇〇八）には日仏交流一五〇年記念の行事でもセーヌ川で光のイベントを成功させた。

一つに束ねた黒い髪と黒いコートはライティングの邪魔にならぬようにというこだわりがある。大柄なドイツ人スタッフの中で、凛としたその姿はひときわ目を引いた。

ミドルネームの「リーサ」は、彼女の母が初めてフィンランドで修行した時の恩師、リーサ・ヨハンソン・パッペの「リーサ」からとって名付けられた。そのリーサ明理の母、石井幹子は傘を差し、隣に立って門を見つめている。幹子は深夜に及ぶリハーサルが終わるまでこの現場から離れようとはしなかった。二人の立つ場所は、ＬＥＤ投光器と六台のプロジェクターの設置され

照明デザイナーの石井幹子とリーサ明理。母娘で数々の大プロジェクトを手掛けた（写真提供：石井幹子氏）

本番を前にしたブランデンブルグ門。左下の足場の手前にあるのはライフイノベーションコンテナの太陽光発電パネル（写真提供：石井幹子氏）

た仮設テントの脇だ。高く組まれたパイプの足場の一番下には水の入ったウェイトが置かれ、機材が所狭しと置かれていて中に入る余地などない。

ドイツ人スタッフに的確な指示を与え、夜を徹して雨の中で続く深夜作業の陣頭指揮をしてくれた娘の成長に幹子は感謝していた。

幹子と法制史学者の石井紫郎との間に明理が生まれたのは、ドイツから帰国した幹子が大阪万博のプロジェクトを成功させた翌年のこと。「あかり」と名付けた娘が誕生して間もなく、幹子は、子育てをしながらライトアップキャラバンを始めたのだった。

そんな母の背中を見て育った明理は、当然のように母と同じ光の道をたどる。母は一度もそうしろとは言っていなかったのだが、明理は母の学んだ芸大を卒業し、東大の大学院で学んだあと三年間母の事務所で基礎的な仕事を徹底的に叩き込まれる。そのあと彼女が自ら選んだ道は照明デザインの激戦区であるパリで自分を磨くことだった。その願いを娘から聞いた時、母は驚いたが、止めることはなかった。娘もまた開拓者としての道を選んだのだった。

ヨーロッパへ渡った明理は成功し、母が海外のプロジェクトをする時は、その実行力と交渉力においても、かけがえのないパートナーに成長した。日仏交流一五〇周年記念の時も母は娘と二人で光のイベントをパリで成功させ、今回の仕事も、真っ先に母から打診がきたのだった。

場所はドイツ、ベルリン。写真でしか見たことのない祖父が、この地で若き日にオリンピックを戦ったことは母からも聞かされている。母と二人、このイベントを成功させることは明理にとっても特別な意味を持っていた。

準備には一年以上かけてきたが、ブランデンブルグ門の広場の使用許可が下りたのはほんの数カ月前のこと。なにしろ、周囲には各国の大使館や一流ホテルが建ち並び、あのオバマ大統領の演説の許可すら下りなかった場所でもある。

ドイツの日本大使館から日独交流一五〇周年の打診が来た時、幹子はその大イベントの場所を即座にこの門でと決めた。許可を取るのが難しいという理由で候補地を複数挙げるよう言われたが、信念は揺るがなかった。日本とドイツの一五〇年はともに戦争に明け暮れた歴史でもある。平和の象徴でもあるこの門をなくしてこのイベントはあり得なかった。

日独交流一五〇周年はまた、ベルリンオリンピックからちょうど七五年という節目の年でもあった。父も訪れたこの場所で、どうしてもここで世界に送りたいメッセージがある。そのためにはこの門でなければだめだったのだ。

スタンレー社の『ＬＥＤＳ ＦＯＣＵＳ』の光が門の上の女神像とクアドリガを美しく輝かせると、公開リハに集まった人たちの間からどよめきがおこる。一通りのリハーサルを見届けると、幹子は一足先にホテルへ戻った。タクシーの中から見るベルリンの街はすでに白々とした明けの光に染まり始めていた。

幾多の争いを見つめてきた門は東西の市民の手によって破壊された壁の向こうから姿を現し、平和の象徴となった。まだ壁の向こうにあったこの門を幹子がここで見上げてから、四十年以上が経っている。こうしてまたベルリンに来てみれば、夜中に戦車の立てる地響きを聞き、街を囲んだ壁に怯えた若き日のことを思い出さずにはいられなかった――。

雨は本番直前で霧雨となり、いつしか止んでいた。

午後八時。ブランデンブルグ門の広場を埋め尽くした人々と報道カメラの目の前でその光のイベントは始まった。司会者のドイツ人女性によるカウントダウンに続いて点灯ボタンが一斉に押されると、夜空をバックにそびえたつブランデンブルグ門にドイツと日本の国旗と文字が投影され、赤の光に染め上げられた巨大な六本の円柱が夜の広場に浮かび上がった。

その瞬間、広場は大きな歓声で満たされ、雅楽『万歳楽』の荘厳な音楽が静かに響きわたった。音楽に合わせ、巨大な門の上に現れたのは葛飾北斎の代表作だ。ゆっくりと流れるように移動してゆくその色彩に、誰もが魅入られたように引き込まれてゆく。

そして、門にドイツ語のFRIDENの文字が投影されると、音楽はベートーヴェンの交響曲第九番に変わり、門の上はぽつんと丸い地球が現れた。その地球は見上げる人々の前でゆっくりと大きくなり、門はいつしか緑と青の地球になる。

地球はゆっくりと回転し、それに合わせてさまざまな国の言葉が色鮮やかに次々と門に浮かび上がり、流れ始めた。

TINCHILIK――PACE――PAU――言葉は違うが、意味は皆同じだ。その言語を持つどの国も同じ戦争によって多くの犠牲者を出した国だ。文字は増え、映像はヨーロッパから海を渡って南米大陸へ移ってゆく。ＰＥＡＣＥ――アメリカ合衆国の上をその文字が横切ってゆく。

門は光で照らされ、文字は現れては消えてゆく。地球は回転を続け、舞台は太平洋に移った。そこには、今だ数百万の若者たちが故郷へ帰ることなく眠る島々がある。

――平和――

日本列島の上をゆっくりと文字が流れた。この国もまた、数えきれない父親が、息子が、家族が、再び懐かしい自分の家の門をくぐることなく死んでいった歴史を持つ。それは、続いて映し出されてゆくアジアの国々も同じであった。

言葉の数だけ、門の上に祈りと悲しみが積み上げられてゆく。

いつしか広場は静寂が広がっていった。

幹子は文字を見つめ、帰ることのなかった父を想った。その手の中には、あの日門の前で握った父の手の温もりが今もある。父は、自分に四枚の葉書を残した。切手の場所に鉄兜に白い鳩がとまっている図柄の軍事郵便は、どれも彼女の名を呼んで始まっており、幼い娘が読めるように全てカナ文字で書かれていた。

モトコサン

オテガミアリガトウ。ナガイテガミヲヨクカケルヨウニナリマシタネ。
エモタイヘンジョウズニナリマシタ。

最新の技術を駆使して石のカンバスに巨大な絵が描かれてゆく――。コンピューターで制御された六台のプロジェクターは二組ずつ三つの映像を切れ目なく門に投影した。それは世界へ向けたメッセージであると同時に、幹子にとって帰ることのなかった父への想いと祈りでもあった。

モトコサン
オクッテクレタカミノオヒナサマヲカザッテイマス。

父は季節遅れで届いた紙のお雛様を寝床に飾り、飽くこともなく眺めた。それは幼い娘が小さな指で一生懸命折ったものだ。敗走と武装解除の混乱の中、全ての持ち物はソ連軍によって取り上げられ、捨てられた。

ヨクセンセイノイフコトヲキイテシッカリベンキョウシナサイ。
ノブユキヤヤスタカノセワヲシテオカアサマノオテツダイヲスルノデスヨ。
サヨナラニトコサン。

悌三の死因は栄養失調による病死とされている。

死亡した時刻はロシア側の残した記録によれば夜中の一時、死の直前には「強い衰弱、失望状態」と記載がある。所持品はシャツ一枚、ズボン下一枚、靴下一足。たったそれだけだ。最後まで諦めることなくあの九〇分を戦い続けた人は、強い失望のうちにその生涯を閉じたのだった。

幾千万の御霊《みたま》を照らすようにまばゆい光が門の上に広がる。一度消えた文字たちは再び集まり、ゆっくりと巨大な門を埋め尽くしてゆく。その眺めは圧巻だった。

色とりどりの平和文字はオリンピック参加国の数だけある。この門が長い歴史の中で一つの言葉で埋め尽くされたのは初めてであったはずだ。

平和であればこそ——それが幹子が世界に伝えたいシンプルなメッセージであった。悌三も、松永も右近も、絶望の中、最期の瞬間に想った願いは同じだったに違いない。平和の文字は集まったあと、散って種となり、そこから芽吹いた若芽は木となり森となる。遠い昔、初めて聖火ランナーが走り抜けた門には緑に覆われた地球が写しだされていった。

広場を埋め尽くした人々の間に、静かに拍手が広がり、歓声が沸き起こった。

同じ頃、ベルリンから八九九三キロ離れた東京は午後三時を回ろうとしていた。奇しくも日本サッカー協会が創立九〇周年を迎えたその日であった。

創立を祝うセレモニーが都内のホテルで行われるのは翌日である。式典には日本サッカーの恩人でもあるディトマール・クラマー氏やイングランドの名選手だったボビー・チャールトン氏をはじめ、およそ七〇〇人という招待客が協会の誕生を祝うことになっている。

そこでは協会の設立のきっかけともなったあの銀盤、FAカップの復刻盤が披露される予定だ。そして日本サッカーが忘れることのできないあの一戦、〝ベルリンの奇跡〟を演じた選手の娘がベルリンで捧げる平和へのメッセージをスクリーンに映すことになっていた。そのために明理はイベントの終了と同時に急いで映像を編集し、近くのホテルのビジネスラインを使って東京にそれを送る手はずになっている。

世界の人々に捧げる平和の光は今や夜空に消え、終わろうとしていた。

遠い少女の頃、たった一人で競技場の真ん中に立った幹子の前には、今、光に輝く巨大な門がある。その下にあの優しい笑顔を見た気がした。麻のスーツを着てパナマ帽をかぶった父は、腰をかがめ、自分を抱き上げてくれる――。

この日のために幹子は一本のシャンパンを用意していた。それはホテルに帰って娘の明理と乾杯をするためだ。

世界の平和と、父を想って。

長い年月を超え、ベルリンの地に立った、その奇跡を想って――。

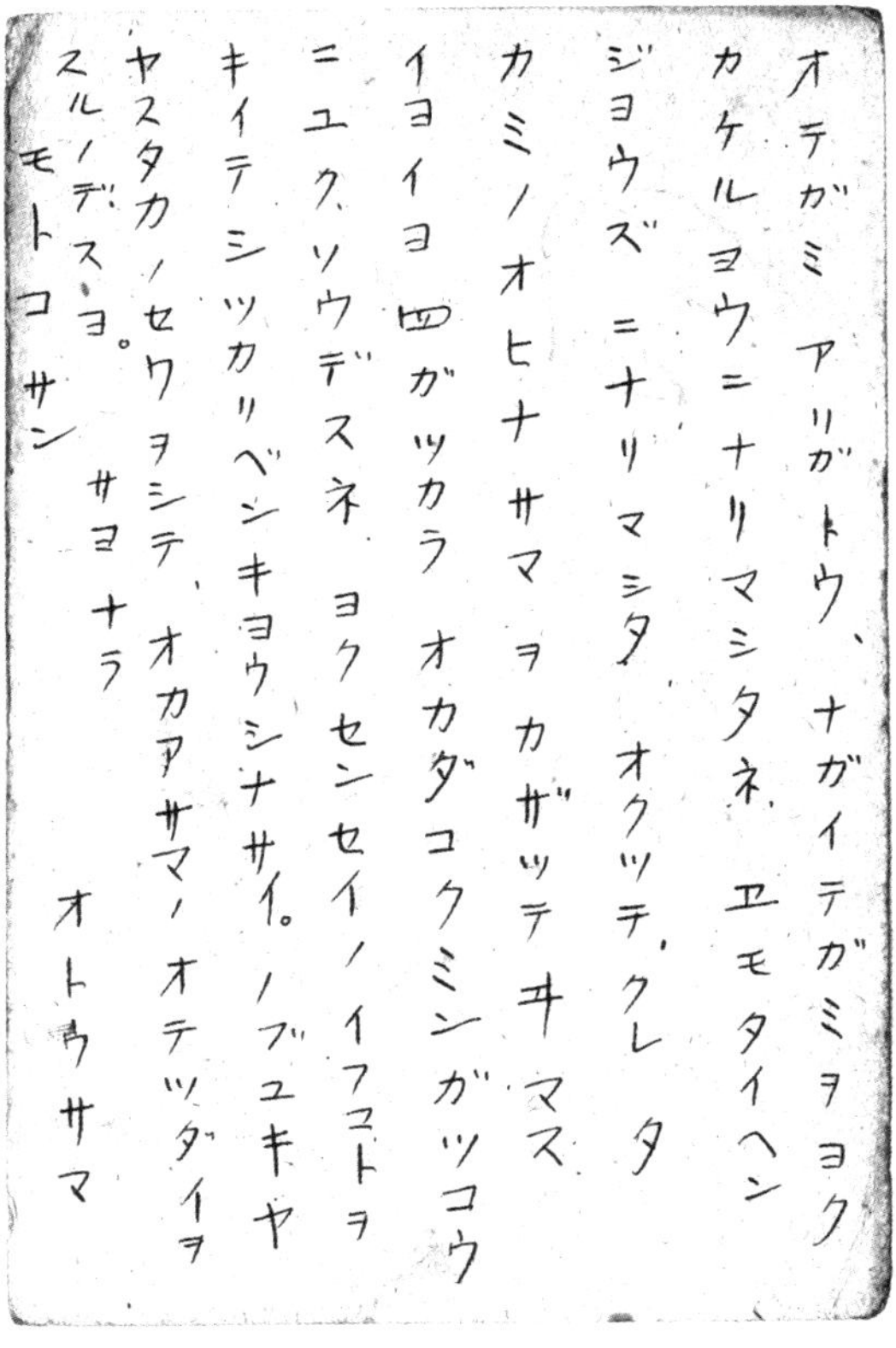
オテガミアリガトウ、ナガイテガミヲヨク
カケルヨウニナリマシタネ。ヱモタイヘン
ジヨウズニナリマシタ。オクツテ、クレタ
カミノオヒナサマヲカザツテヰマス
イヨイヨ四ガツカラオカダコクミンガツコウ
ニユク、ソウデスネ。ヨクセンセイノイフコトヲ
キイテシツカリベンキヨウシナサイ。ノブユキヤ
ヤスタカノセワヲシテ、オカアサマノオテツダイヲ
スルノデスヨ。
サヨナラ
オトウサマ
モトコサン

あとがき

賀川　浩

一九三六年のベルリン・オリンピック大会は、日本のスポーツ史のなかで陸上競技や水泳などの主要競技で六個の金メダルを獲得し何本もの日の丸が会場のポストに掲揚された輝かしい大会であっただけでなく、日本人にとっても「国力」を示した誇るに足る一大イベントだった。

一九二四年生まれで当時、小学校六年生の私は神戸一中の受験勉強に精を出していたこともあって、特別この大会に関心が深かったとはいえない。深夜のラジオのドイツからの中継でも〝前畑がんばれ〟以外はほとんど記憶にない。むしろ、中学入学後に見た記録映画『民族の祭典』やその続編『美の祭典』の映像の感銘が強くのちのちまで頭に残ることになった。

この〝ベルリン〟のサッカー競技で日本代表が優勝候補のスウェーデンを破った。それも〇対二から三対二の逆転勝利だった。日本の関係者にとっては歴史上、初出場のオリンピックでの大快挙であり、ヨーロッパでも評判になった。日本サッカーの恩人のデットマール・クラマーさん

（ドイツ人・コーチ。二〇一五年九月十七日死去）も、小学生のとき、父親が日本が勝ったととても興奮していたと言っていた。

神戸一中にはいってサッカーに熱中しはじめた私は、十一年上の部の先輩にベルリンで活躍した右近徳太郎さんがいると知った。右近さんは夏の全国大会の合宿のとき、チームキャプテンの兄・太郎の足をマッサージしてくれたやさしい人がらで、グラウンド上では、みごとなドリブルやパスで皆の目を見はらせた。また、ひとりで練習していた私にチョップ・キックを教え、このキックの効用を説明してくれた。陸軍のパイロットを志願し、特攻隊員となりながら生きて復員した私にとって、右近さんの戦死の知らせは大きなショックだった。

私のような戦中派にとっての戦後のサッカーは、ベルリン世代の先輩と試合し、ベルリンに追い付き、追い越すことがひとつの命題だった。シベリア帰りの川本泰三さんはサッカーだけでなく、人生の師でもあり、趣味の川釣りで山中を一緒にわけ入り、この人のサッカー論を紹介することが、大切な仕事となった。

ワールドカップやヨーロッパ選手権など世界に目を向けながら、日本サッカーの歴史に長く執着したのは私のこうしたベルリンへの〝郷愁〟であったからかもしれない。

九二年にヨーロッパ選手権取材のためスウェーデンに足を運んだのも、そこで〝ベルリン〟を探そうとしたからでもあった。驚いたのはストックホルムでもイエテボリでも、飛行機の隣席でも、半世紀も前のベルリンでの敗北について多くの人が知っていたこと、なかには父に聞いた、祖父に聞いたという若者もいた。「ヤパーナ（日本人）がそこにも、ここにもいる」と叫んだ当時のアナウンサーが、しばらくヤパーナのあだ名で呼ばれた話など多くのエピソードを聞いたものだ。「こちらに油断があったにせよ、当時の日本は、技術も高く、パスワークもよし、ランもよしで、勝利に価するチーム」ということでもあった。

勝った日本で、ことの重大さがそれほど知られていないのに、スウェーデン側の記憶の伝承の確かさにあらためて、サッカーの社会での厚みを知り、歴史を重んじるヨーロッパに頭を下げることになった。私の書きものに歴史ものがふえたのは、このころからだといえる。

その日本サッカー史のエポックメーキングなベルリンの勝利を竹之内響介さんが、このたびドキュメントとして出版して下さることになった。ぼう大な資料を読み、当時のサッカーと社会を描き、キャプテン竹内悌三さん（故人）とその家族を結んでストーリーにまとめたみごとさと努力にあたらめて敬意を表し、感謝したい。

好きなスポーツの歴史を学ぶことは日本と世界の近代史、現代史をひもとくことになる――と考える私にとって、竹之内さんの労作によって、多くの目がスポーツ史の面白さに注がれてゆくことを期待したい。

◉主な参考文献

機関誌『蹴球』（昭和十一年〜） 大日本蹴球協会
日本サッカーのあゆみ　日本蹴球協会　講談社
早稲田大学ア式蹴球部50年史　早稲田大学ＷＭＷクラブ
慶應義塾体育会　ソッカー部50年　三田ソッカー倶楽部
わが青春のサッカー　堀江忠男　岩波ジュニア新書
堀江忠男遺構・追悼集　堀江同窓会編集　行人社
川本泰三遺稿集「轍《わだち》」　川惣電機工業株式会社
加茂健「わたしの人生」記録集　加茂健彦氏所蔵
加茂正五日記　加茂正子氏所蔵
LOVE THE LIGHT, LOVE THE LIFE　石井幹子　東京新聞
光が照らす未来　照明デザインの仕事　石井幹子　岩波ジュニア出版
白夜の国に光の夢　石井幹子　ＮＨＫ出版
ベルリンに灯された光のメッセージ　石井幹子監修　KYURYUDO
90歳の昔話ではない。古今東西サッカークロニカル　賀川浩　東邦出版株式会社
サッカー日本代表　世界への挑戦　賀川浩他　株式会社新紀元社
アッソシエーションフットボール　東京高等師範學校フットボール部編纂
How to play association football チョウ・デイン
ボールと足と頭　竹腰重丸
赤とんぼの来た道　長坂幸夫　文芸社
日本サッカーの魂　追憶・工藤孝一　工藤孝一記念誌作成委員会
誕生十年　東京府立第五中學校紫友會蹴球部
埋み火はまた燃える　新田一族銘々伝　新田純弘　さきたま出版会

田辺製薬三百五年史　田辺製薬株式会社
日韓キックオフ伝説　大島裕史　集英社文庫
流れるままに、愛　小森和子　集英社文庫
社交ダンスと日本人　永井良和　晶文社
第12回オリンピック東京大会　研究序説　三重大学教育学部研究紀要より
オリンピック準備委員会議事録
オリンピック庶務報告
イレブン　日本スポーツ出版社
アサヒスポーツ　朝日新聞社
ガ島決戦記　戦いの記録　静岡新聞社掲載
一下級将校の見た帝国陸軍　山本七平　文春文庫
歩兵230連隊第三機関銃中隊　戦友《とも》のあゆみ　柏木正晴
日本サッカーアーカイブ（ウェブサイト）
賀川サッカーライブラリー（ウェブサイト）
日本サッカー・ブック・ガイド（ウェブサイト）

◉取材協力（敬称略・五十音順・故人含む）

浅見俊夫　池谷博啓　石井幹子　株式会社石井幹子デザイン事務所　大沢礼子　賀川浩　笠原賢介
加茂節　加茂健　加茂健彦　加茂正子　川本章夫　工藤大幸　工藤薬局　桜井いつ子　静岡県立藤枝東高等学校
株式会社シックス　スタンレー電気株式会社　田辺徳次郎　田辺満佐枝　竹内宣之　長坂幸夫
公益財団法人日本サッカー協会　日本サッカーミュージアム　細井敏夫　堀江玲子　フジタナオキ　松永碩
松永信夫　丸山義行　村形繁明　山田律子

監修◉賀川浩（かがわ・ひろし）
1924年、神戸市に生まれる。神戸一中、神戸経済大（現・神戸大）、大阪クラブなどでサッカー選手。全国大会優勝、東西対抗出場、天皇杯準優勝などの経験をもつ。1952年からスポーツ記者、1975年から10年間のサンケイスポーツ編集局長（大阪）などを経て現在フリーランスとして、現役最年長記者。2010年日本サッカー殿堂入り、2014年に神戸賀川サッカー文庫を開設し、2015年にはFIFA会長賞を受賞。著者として『90歳の昔話ではない。古今東西サッカークロニクル』（東邦出版）など多数。

著者◉竹之内響介（たけのうち・こうすけ）
1959年、東京都に生まれる。日本大学を卒業後、CM制作会社を経て94年よりフリーのCMディレクター。仕事のかたわらシナリオセンターでドラマを学び、城戸賞、日本放送協会創作ラジオドラマ大賞のファイナリスト。小津安二郎記念短編映画祭、ショートショートフィルムフェスティバル入選。小説に『見上げてごらん夜の星を』『生前父は』など。ノンフィクションに『神様のなみだ』。

ベルリンの奇跡
日本サッカー煌きの一瞬

2015年11月27日 第一刷発行

著 者 竹《たけ》之《の》内《うち》響介《こうすけ》
監 修 賀《か》川《がわ》浩《ひろし》
発行者 川瀬真人
発行所 東京新聞
〒一〇〇-八五〇五 東京都千代田区内幸町
二-一-四 中日新聞東京本社
電話［編集］〇三-六九一〇-二五二一
［営業］〇三-六九一〇-二五二七
FAX 〇三-三五九五-四八三一
装丁・組版 常松靖史［TUNE］
印刷・製本 株式会社シナノ パブリッシング プレス

ISBN978-4-8083-1006-6 C0075